하나님과 나라를 평생 사랑한

# 만성 허응숙 목사

하나님과 나라를 평생 사랑한

# 만성 허응숙 목사

이찬영·허경진 지음

1. 여호와는 나의 목자시니 내게 부족함이 없으리로다
2. 그가 나를 푸른 초장에 누이시며 쉴만한 물가으로 인도하시는도다
3. 내 영혼을 소생시키시고 자기 이름을 위하여 의의 길로 인도하시는도다
4. 내가 사망의 음침한 골짜기로 다닐지라도 해를 두려워하지 않을 것은 주께서 나와 함께 하심이라 주의 지팡이와 막대기가 나를 안위하시나이다
5. 주께서 내 원수의 목전에서 내게 상을 차려 주시고 기름을 내 머리에 부으셨으니 내 잔이 넘치나이다
6. 나의 평생에 선하심과 인자하심이 정녕 나를 따르리기 내가 여호와의 집에 영원히 거하리로다

보고사
BOGOSA

만성 허웅숙 목사 1960년

尊敬上帝愛人如己
贖罪救吳靈架從主
基督敎

義士臨危義氣似雲
愛國志士勿愛生命
安義士

하나님을 높이 공경하고, 이웃 사랑하기를 내 몸같이 하라. 몸 바쳐 죄를 용서받게 하시고 영혼을 구원하셨으니, 십자가를 지고 주님을 따르리라. -기독교 교리

의로운 사람은 위험이 닥칠 때에 의로운 기운이 구름같이 일어난다. 나라를 걱정하는 뜻있는 사람은 목숨을 아끼지 말아라. -안중근 의사 가르침

마지막으로 개척한 동암교회 건축을 마치고. 1973년 2월. 85세

# 할아버지의 책을 엮고 나서

오래전부터 형제들 사이에서 할아버지가 살아오셨던 일생을 책으로 내자는 의견이 있었습니다. 한 집안의 할아버지가 아니라, 조선왕조 시대에 태어나 대한제국 시대에 한학을 하고, 식민지 억압 속에서 평양신학교를 졸업하고, 항상 여러 교회를 맡아 순회하며 목회하셨던 체험이 요즘은 보기 드문 이야기이기 때문입니다. 족보도 없이 피난 왔다가 국내외에 흩어져 사는 손자녀, 증손자녀, 고손자녀들에게 좋은 교과서가 되리라 생각합니다.

책 제목을 고심하다가 할아버지가 한평생 섬겼던 하나님과 나라를 제목으로 삼았습니다. 외람된 듯도 하지만, 삼일절이나 광복절 예배시간에 늘 애국가를 부르고 축도하신 것을 보면 그렇게 틀린 제목도 아닙니다. 청년회에서 모처럼 학교가 쉬는 현충일에 등산을 가려다가 야단을 맞고 포기한 것도 할아버지의 나라 사랑을 보여주는 이야기입니다.

이 책은 20년 전에 자료 조사와 집필이 시작되었습니다. 외삼촌이자 교회사를 강의하시던 이찬영 목사님이 먼저 할아버지 책을 쓰고 싶다고 말씀하셔서, 이렇게 힘든 일인 줄 모르고 시작했습니다. 외삼촌은 황해도 고향에서부터 할아버지를 잘 알던 평양신학교 후배인데다가, 기억력이 뛰어나셔서 여러 동네에 흩어져 있던 교회들의 예전 목회자나 장로님들 이름까지 다 기억하셨고, 할아버지가 목회하셨던 교회를 나중에 외삼촌이 목회하기도 하셨습니다. 이미 『황해도교회사』, 『황해노회 백년사』, 『풍천읍교회 백년사』 등을 쓰셨기에, 누구보다도 적임자셨습니다.

피난 오면서 사진을 가져오지 못한 것이 아쉽지만, 외삼촌의 처남 되시는 이광은 장로님이 당시에 자주 가보았던 교회 모습들을 그려 놓았기 때문에, 조금이라도 도움이 될까 해서 몇 장 편집하였습니다.

외삼촌은 원고를 다 쓰고 할아버지의 동암교회 시절 설교까지 윤문해 주셨지만, 이 책이 출판되는 것을 보지 못하고 소천하셔서 아쉽습니다. 외삼촌이 다 알 수 없는 집안 이야기가 들어가야만 할아버지 이야기가 되기 때문에, 살아계신 여러 어른들로부터 글을 받거나 이야기를 듣고 정리하는 시간이 또 많이 걸렸습니다.

할아버지께서 70년 전, 피난 중에 개척하신 장목교회와 희성교회를 찾아가 보고, 마지막 개척하신 동암교회에 찾아가서 임영덕 권사님에게 우상준 장로님 심장병 고치신 이야기를 들으면서 마지막 장을 마무리했습니다. 이 책은 여기서 끝나지만, 할아버지의 기도로 병을 고친 우 장로님이 동암교회를 모범으로 하여 동남아 여러 나라에 씨를 뿌리셨던 온누리선교회를 통해서, 할아버지의 기도가 열 배 백 배 결실을 맺게 되기를 기도드립니다.

이 책 뒤에 가족들이 기억하는 할아버지 이야기를 덧붙였습니다만, 할아버지는 갓 태어난 외손녀에게 목회자의 아내가 되라고 기도하시거나, 다른 손녀의 꿈에 나타나서 선교의 씨를 나눠 주셨습니다. 할아버지처럼 살지 못하더라도, 이 책을 보면서 할아버지를 닮고 싶다는 마음이 들면 이 책은 성공한 것입니다.

할아버지는 언제나 서두르는 법이 없이, 한번 결심한 일이라면 아무리 시간이 걸려도 꾸준하게 매진하여 이뤄내셨습니다. 남들이 3~4년에 마치는 평양신학교를 18년에 걸쳐 졸업한 것도, 졸업이 목표가 아니라 목회자 없는 시골에서 언제나 서너 교회를 돌아가며 목회하는 것을 더 중요하다고 생각하신 결과입니다. 도시에서 목회하다가 목회자 없는 섬으로 들어가시고, 70세가 넘어서 은퇴하신 뒤에도 몇 차례나 교회를 담임하고 개척하셨습니다.

82세에 개척하신 동암교회에서는 91세에 다시 임시목사를 맡아 과도기를 잘 정리해 주셨습니다. 만성(晚成)이라는 호를 하나님께서 숙제로 주셨는데, "착하고 충성된 종아! 네가 작은 일에 충성하였으매 내가 많은 것으로 네게 맡기리니, 네 주인의 즐거움에 참예할지어다."라고 칭찬하셨을 것 같습니다.

처음에는 '이찬영 지음'이라고 표지에 쓸 계획이었지만, 보완하며 쓰다 보니 제가 쓰거나 구해온 글들이 더 많아져서 '이찬영·허경진 공저'가 되었습니다. 이 책을 보신 분들의 의견을 들어서, 내년에는 미국에 더 많이 흩어져 사는 할아버지의 증손자 고손자들을 위해서 영어로 번역하는 일이 이뤄지면 좋겠습니다. 그동안 국내외에서 도와주신 여러 형제 남매들에게 감사드립니다.

2020. 10. 30.
저자를 대표하여 손자 경진 올림

# 차례

머리말 … 9

## 제1부
## 120년 전에 성경을 구해 읽고
## 교회를 세운 백령도

### 1. 아름다운 백령도 ································································· **21**

1) 양천 허씨 가문 계보 ····················································· 21

2) 양천 허씨 백령파의 중시조 허득 ································· 24

3) 허득 공의 사회 활동 ····················································· 25

4) 허 목사가 1889년 1월 25일 백령도에서 태어나다 ······ 26

5) 허 목사가 태어난 백령도의 아름다운 경치 ··············· 27

6) 백령도의 사적 ······························································· 36

7) 백령도의 종교적 배경과 전설 ······································ 38

### 2. 백령도와 기독교 전래의 배경 ····································· **42**

1) 귀츨라프 선교사의 백령도 접근 ·································· 42

2) 토마스 선교사의 백령도 선교 시도와 평양 순교 ······· 44

3) 천주교의 백령도 전래와 허 목사 ································ 48

### 3. 백령도 교회 설립의 역사 ············································· **50**

1) 김성진의 백령도 유배와 기독교 선교 ························· 50

2) 학교 교육의 시작과 유교식 예배 ································ 59

　　3) 서경조 조사의 전도 ································· 62

　　4) 언더우드 부부의 방문과 성례식 ····················· 66

4. 중화동교회 교인들과 조선 총독 데라우치의 토지 소송 ···· **73**

　　1) 조선 총독을 상대로 소송한 백령도 토지 민원화 투쟁의 승리 · 73

　　2) 총독을 상대로 투쟁하여 승리했던 백석 허간 목사 ······· 77

### 제2부
# 만성의 성장과 독립운동

1. 만성의 유·소년 시절 ································· **87**

　　1) 백 년 전에 기독교식 이름을 지은 집안 ··············· 87

　　2) 서당에서 한문을 배우다 ······················· 88

　　3) 해서제일학교에서 신학문을 배우다 ················ 90

2. 소래교회에서 신앙이 육성되다 ····················· **95**

　　1) 소래교회의 지리적 배경 ······················· 95

　　2) 소래(송천)와 대구면이라는 이름 ·················· 96

　　3) 소래교회의 창립 ··························· 97

　　4) 만성, 소래교회에서 신앙 훈련을 받으며 성장하다 ······· 98

3. 결혼과 재령성경학교 입학 ························· **99**

　　1) 기독교인 최숙은(崔淑㤙)과 결혼하다 ··············· 99

　　2) 아내가 은비녀를 선물하고 입학한 재령성경학교 수업 ····· 100

4. 문화읍 삼일만세운동을 주도하고 3년 형을 받다 ········· **104**

　　1) 3·1만세운동의 동기 ························ 104

　　2) 문화읍 3·1만세운동을 이끌다 ·················· 105

5. 일본 헌병에게 고문을 받다가 고막이 터져 평생 고생하다 ······ **107**
6. 만성 3형제의 독립운동 ································································· **113**

**제3부**
# 황해도 목회 생활

1. 목회 생활 초창기 전도인 시절 ································· **121**
  1) 장연군 서의동교회 시무 ······································· 121
  2) 매 맞으며 목회한 장연군 용연교회 ······················· 123
  3) 송화읍교회 시무 ················································· 126
  4) 신천군 문화읍교회 시무 ······································· 126
  5) 조사 임명, 신학교 입학 허락 ······························· 128
  6) 평양신학교 18년 수업 시절 ································· 129

2. 목회 생활 성숙기 ············································· **134**
  1) 송화군 송학교회와 금곡교회 시무 ······················· 134
  2) 송화군 도은리교회와 석탄교회 시무 ···················· 136
  3) 송화군 칠정교회와 수사교회 시무 ······················· 138
  4) 은율군 계림교회 시무 ·········································· 142
  5) 은율군 내동교회 시무 ·········································· 146
  6) 은율군 율리교회 시무 ·········································· 147
  7) 안악군 용산교회 늑동교회 시무 ···························· 149
  8) 평양신학교 졸업과 목사 장립 ······························ 154

3. 목회 생활 수난기 ············································· **157**
  1) 용산교회 계속 시무. 안악군 대동교회 시무 ············ 157
  2) 안악군 저도교회 시무 ·········································· 161

3) 안악군 능동교회 시무 ································ 161

4) 신사참배를 거부하고 율리면에서 은거하다 ··············· 162

## 4. 목회 생활 과도기 **168**

1) 황해노회에 복귀하여 목회자들을 위로하다 ··············· 168

2) 덕안리교회 시무 시절 ···························· 169

3) 공산당 탄압에 목사 네 분만 남은 송화군 46개 교회 ········· 171

4) 아들과 사위가 허 목사를 구하러 전쟁 중에 남한에서 올라오다 ······· 174

5) 사과 1천 상자와 바꾼 덕안리교회 교인 50명의 목숨 ········ 178

## 제4부
# 대한민국 목회 생활

1. 거제도 장목교회 개척 시무 ······················· **185**

2. 기독교장로회 분렬과 목포 희성교회 창립 ············ **197**

3. 인천 제8교회(제물포교회) 시무 ··················· **201**

4. 백령도 진촌교회 시무 ·························· **204**

5. 백령도 사곶교회 시무 ·························· **215**

6. 소청도교회 봉사와 안식년 ······················ **218**

7. 82세에 개척한 인천 동암교회 ···················· **219**

1) 교회 설립 배경 ····························· 219

2) 생수가 흘러나오는 열우물에 동암교회를 설립하다 ·········· 220

3) 동암교회 창립 기념예배 ························ 221

4) 두어 달 만에 제직회와 선교회, 주일학교를 조직하다 ········· 223

5) 3년 만에 성전 50평을 건축하다 ·················· 226

6) 심장병을 기도로 고치면서 건강한 교회를 이루다 ·········· 230

　7) 원로 목사로 추대되고 애국지사로 표창받다 ································ 237


【부록 1】 가족들의 기억 ················································· **246**

막내딸의 아버지 기억 ··········································· 247

내 이름을 불러주셨던 아버님 ··································· 248

조카며느리에게 안방 아랫목을 내주신 큰아버님 ············· 249

작은 삼촌이 손으로 써서 크게 만들어 드린 찬송가 ··········· 251

갓 태어난 나를 뉘어놓고 목사 사모가 되라고 기도해주신 외할아버지 ······ 254

꿈속에서 씨앗이 가득 든 선교의 보따리를 내게 주신 외할아버지 ······ 256

내 손으로 만들어 드렸던 목사 가운 ··························· 258

해군 군함을 타고 다녀왔던 백령도 ··························· 261

사곶 비행장의 추억 ············································· 265

할아버지의 첫 기억, 팔순잔치 ································· 267

할아버지의 커다란 손 ··········································· 270

할아버지와 자유공원에 갔던 날 ······························· 274

예절을 가르쳐 주신 큰할아버지 ······························· 276

고문 후유증으로 손발톱이 검게 썩고 보청기를 끼셨던 할아버님 ······ 277

한번 뵙지도 못한 할아버님 인상 ······························· 279


【부록 2】 만성 설교 ··················································· **282**

루디아를 본받자 ················································· 283

승리의 개선가 ··················································· 288

진리의 푯대 ······················································· 292

신앙생활의 1.2.3 ················································· 297

할아버지의 설교 원고 가운데 실린 시조와 가사들 ··········· 301


【부록 3】 허웅숙 목사의 자녀들 ······································· **304**

## 제1부

# 120년 전에 성경을 구해 읽고 교회를 세운 백령도

## 1) 양천 허씨 가문 계보

양천 허씨의 시조는 가락국(駕洛國) 김수로왕(金首露王)의 왕후까지 올라간다. 왕후는 본래 인도의 한 지방인 아유타국(阿踰陁國)의 공주인데, 성은 허(許), 이름은 황옥(黃玉)이다. 16세 되던 48년에 배를 타고 멀리 한국 남해안인 김해까지 왔는데, 수로왕이 이를 기쁘게 영접하여 왕후로 삼았다는 기록이 『삼국유사』에 실려 있다.

허황옥 왕후 유적 파사석탑.
인도에서 가져온 돌이라고 한다.

왕비는 아들 10형제를 낳았는데, 친정 허씨의 후손이 끊어질 것을 걱정하였다. 그러자 왕이 맏아들에게는 김해(金海)를 본관(本貫)으로 하여 김씨(金氏) 성을 내리고, 2자와 3자에게는 각기 허씨(許氏)로 성을 내렸다. 그러나 본까지는 바꿀 수 없다 하여 김해 허씨로 행세했다. 그리고 나머지 일곱 아들은 모두 불문(佛門)에 입적

허선문이 태어났다는 공암 허가바위(서울시 기념물 제11호)

했다고 전해진다.

고려 태조(太祖) 왕건(王建)이 후백제(後百濟)와 전투할 때에 공암촌(孔巖村)에 살던 허선문(許宣文)이라는 지주가 군량미를 후원하였으므로, 후삼국 통일 후에 공로가 인정되어 공암촌(지금의 서울특별시 양천구 일대)을 식읍(食邑)으로 하사받았고, 허선문을 시조로 하는 양천(陽川) 허씨(許氏)가 생겼다.

양천 허씨는 비록 인구는 적으나 고려시대에 정승을 지낸 분이 11명, 조선시대에 6명이나 되었다. 그 외에도 훌륭한 많은 인물이 배출되었다.

허종(許琮, 1434~1494)은 성종(成宗)조에 우의정을 지냈고, 아우 허침(許琛, 1444~1505)은 연산군(燕山君)조에 좌의정을 지냈는데 활쏘기와 말달리기에 남달리 뛰어났고, 문장도 특출하여 문무를 겸한 형제 정승이었다. 성종이 연산군 생모(生母) 윤 씨(尹氏)를 폐출하는 논의를 하는 날 이들 형제는 지혜로운 누님에게 자문을 구했는데, 누님은

"세자가 뒷날 왕이 되면 문제가 생기니까, 폐비 논의에 참여치 말라"고 충고하였다. 이들 형제는 입궐하는 도중에 내자동 다리 위에서 일부러 말에서 떨어져, 부상을 핑계로 그 자리를 피하였다. 5년 후에 갑자사화(甲子士禍)가 일어나 다른 신하들은 무더기 죽임을 당했지만, 이들 형제는 살아남아 지혜로운 재상으로 명성

종침교 표석

을 날렸다. 이들 형제가 일부러 말 위에서 떨어진 다리를 서울 사람들이 종침교(琮琛橋)라고 불렀는데, 형제의 이름을 붙인 것이다.

감리교가 한국에 들어오면서 캠벨 선교사가 종로구 내자동 71번지 종침교 옆에 세운 종교교회는 지금도 한국의 대표적인 감리교회이다. 허 목사는 이들 형제 가운데 허침의 후손이다.

허균(許筠, 1569~1618)은 서자(庶子)를 차별하는 봉건적 사회제도를 개혁하려고 소설『홍길동전』을 지었다. 그는 1609년 명나라에 사신으로 갔다가 한국 최초로 세계지도와 천주교 서적을 들여왔으므로, 허균이 한국 최초의 천주교인이라고 인정하는 학자도 있다. 이러한 사실은 그의 동서 이수광(李睟光)이 지은『지봉유설』에 밝혀져 있다.

허균과 가까운 친척 허준(許浚)은 의학에 능통하여『동의보감』25권을 저술한 명의(名醫)이다. 미수(眉叟) 허목(許穆, 1595~1682)은 동방 제일인자라고 불리울 정도로 학문에 뛰어났다. 허씨 문중에서 조선시대에 문과(文科)에 급제한 인물이 122명인데, 김해 허씨 문중에서 16명, 양천 허씨 문중에서 93명이 급제하였다.

## 2) 양천 허씨 백령파의 중시조 허득

허응숙 목사 가문의 중시조는 좌의정을 역임한 문정공(文貞公) 허침(許琛)이다. 그의 현손(玄孫) 허종(許錝)의 세 아들 가운데 맏아들은 양천에 머물고, 둘째 아들이 황해도 해주(海州) 서남쪽 허정(許井)에 정착하였으며, 셋째 아들은 평안도 구성(龜城)에 정착하여 대대로 살았다.

황해도 허씨들은 거의 둘째 아들의 집안이다. 공의 10대손 허종(許鍾, 1752~1816)이 백령도(白翎島) 첨사(僉使) 이 씨(李氏)의 책실(册室)로 백령도에 들어가면서, 황해도 허씨에서 백령도 허씨가 나뉘어졌다. 허종의 증손자 허득(許得)이 백령도 일대에 기독교를 전하였다.

허간 목사와 허응숙 목사가 선조들로부터 전해들은 이야기를 기록한 『양천 허씨 백령파 족보사』에는 허종 공이 따라 들어왔다는 백령 첨사의 이름이 정확하게 기록되어 있지 않다. 조선왕조실록에서 이 시기에 백령도에 파견된 첨사 가운데 이씨는 다음과 같다.

정조 원년(1777) 이인수(李仁秀)

정조 16년(1792) 이장익(李長益)

정조 20년(1796) 이태협(李泰協)

정조 22년(1798) 이성회(李星會)

순조 6년(1806) 이면응(李冕應)

첨사는 첨절제사(僉節制使)의 약칭이니 종4품 무관(武官)인데, 위에 밝혀진 이면응은 도승지(정3품)를 거친 이조참판(종2품)의 문관이 특별히 파견된 경우인데, 평판이 좋지 않아서 좌천된 것이다. 그러나 그가 실제로 백령도에 부임하였는지는 확실치 않다. 허종 공이 몇 살에 백령도에 들어왔는지 확실치 않지만, 책실이라는 직책상 40대가 된 1790년대, 즉 이장익·이태협·이성회의 세 분 가운데 한 분을 따라왔으리라고 짐작된다. 이 세 사람이 모두 무관이어서 아무런 기록도 남기지 못한 것이 아쉽다.

허 목사의 조부 허득(許得, 1827~1913)은 백령파에서 가장 유명한 분이다. 공은 공부도 많이 하고, 서울에 자주 오가며 견문을 넓혔다. 그러나 조선 말기의 어려운 정세를 감안하여 벼슬을 사양하고 백령도에서 서민으로 지냈다. 그러면서도 백령도가 국경 요새인 점을 감안하여 군함 제조, 군인 양성, 군마 사육 등, 국방사업에 협조하여 선두에서 희생적으로 활약하여 정부에서 통정대부(정3품)에 임명받고 동지(同知) 명칭을 받았다. 그러므로 백령도에 첨사로 오는 분들은 누구를 막론하고 허 동지(許同知)를 찾아 자문을 구하고 지도를 받았다.


### 3) 허득 공의 사회 활동

순조(純祖) 때부터 육지에서 민란(民亂)이 거듭되자, 조정에서는 관권이 제대로 미치지 못하는 섬의 민심을 안정시키기 위해 1891년에 백령도의 유지 두 사람에게 관직을 내렸다. 중화동의 허득 공에게는 정3품 통정대부 동지중추부사의 문관 직을, 사곶의 김산철 공에게는 정3품 절충장군 오위장 겸 첨지중추부사의 무관 직을 내렸다. 실제 서울에 올라와서 관청에 근무하는 실직(實職)은 아니었지만, 백령도의 민심을 안정시킬 명분을 주기에는 충분한 명예직이었다.

1894년 전라도 고부에서 시작된 농민 봉기가 전국적으로 번지자, 백령진 첨사의 자문을 맡던 두 사람도 장연군 관아로 가서 관군과 협력하였다. 동학군에 쫓긴 백성들이 소래교회로 피신하자 동학군이 소래교회 쪽으로 접근하였다. 동학(東學)이라는 이름 자체가 기독교의 서학(西學)에 대항한 것이었으므로 같은 편은 아니었지만, 소래교회에 시무하던 맥켄지 선

맥켄지 선교사

교사가 총(銃)을 내려놓고 호의적인 반응을 보이자, 동학군도 해를 끼치지 않고 물러났다.

사지에 처해 있는 이들에게 교회는 머물러 목숨을 구할 처소가 되어 주었고, 헌신과 사랑으로 함께 동행함으로써 큰 감화를 주었다.[*] 맥켄지 선교사는 참형 직전 동학의 접주(接主)를 구하여 그 집안을 기독교 가정으로 개종시키기도 하였다.[**] 허득 공은 몇 년 뒤에 바다 건너 소래교회에 사람을 보내어서 백령도에 교회를 세워달라고 청하였다.


## 4) 허 목사가 1889년 1월 25일 백령도에서 태어나다

허 목사가 태어나던 1889년에는 나라 안팎에서 여러 가지 중요한

[*] —— 민경배, 「기독교와 동학의 접촉사」, 『한국교회사학회지』 창간호, 1979, 291쪽.
[**] —— 장연군중앙군민회, 『장연군지』 종교편, 장연군중앙군민회, 1995, 256쪽.

사건이 일어나서 나라가 어지러웠지만, 선교사들이 한국에 들어와 기독교 선교가 활기를 띠기 시작하였다.

언더우드 선교사가 압록강에서 비밀리에 세례를 베풀었다. 김이련, 김관근 부자 외에 33명이 세례를 받았다. 영국 성공회 코르프(C.Corfe) 선교사가 조선에 들어와 대한성공회를 창립하였다. 배재학당에서 아침 기도회를 실시하였다. 기독교 학교에서 기도회가 제도적으로 시작된 것이다.

언더우드 부부가 신혼여행을 겸해서 서북지방 선교여행을 하였다. 캐나다 독립 선교사 팬윅(M.C.Fenwick 편위익)이 한국에 들어와, 황해도 송천(소래)에 주재하였다. 북장로교 마펫(S.A.Moffett, 마포삼열) 선교사가 한국 선교차 미국을 출발하여, 1890년에 입국하였다. 언더우드 선교사가 『한영자전』을 발간하였다.


## 5) 허 목사가 태어난 백령도의 아름다운 경치

백령도는 동경 124도 53분, 북위 37도 52분 지점에 위치한 서해 최북단의 섬으로서, 인천에서 북쪽으로 229km 떨어져 있으며, 뱃길로는 136마일 거리에 있다. 북한의 황해도 땅과 불과 15km 떨어져 있는 곳이다.

면적은 51km²이고, 17개 리로 구분되어 있다. 인구는 5,721명(2017년 통계)이 살고 있으며, 우리나라 전체로는 14번째로 큰 섬이다. 1·4후퇴 무렵에는 황해도 피난민이 몰려들어 한때 1만 명이 넘게 살았지만, 도시집중화 현상이 심해지면서 인구는 차츰 줄었다.

삼팔선 분단 이전에는 황해도 문화권이었지만, 지금은 눈앞의 황

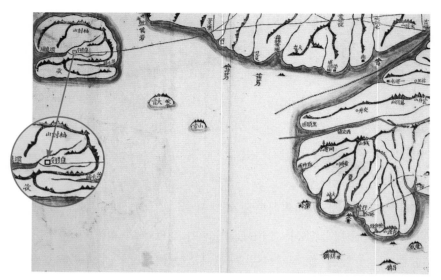

백령도 옛지도 한가운데에 네모 표시가 백령 첨사가 머물던 진촌이다.

해도를 제쳐두고 멀리 인천과 뱃길로 이어져 있다. 행정구역도 인천
광역시 옹진군 백령면이다.

　이 섬은 제4빙하기 때에는 황해도에 붙어 있다가, 후빙기에 들어
와 해면 상승으로 인하여 황해도 옹진반도와의 사이에 낮은 땅이 침
수되어 육지에서 떨어져 나갔다. 그러므로 백령도는 지질적으로 옹
진반도의 연속된 지역이라고 할 수 있다.

　이 섬의 형태는 동남부에는 만입(灣入)이 있으며, 이 만입지에는
넓은 펄이 전개되어 있다. 허 목사가 백령도에서 목회하는 동안 주민
들과 함께 간척지로 개발하여, 일부 농경지와 염전으로 이용되고 있
다. 이 섬의 지질구조는 주로 석회암과 규암으로 구성되어 있어서 오
랫동안 침식을 받아 비교적 기복이 낮고 원활한 파장형의 지형이며,
높은 곳도 177m밖에 안 된다.

대한민국 명승 제8호 두무진

두무진 기암괴석

두무진 해식동굴과 규암자갈

　해안선의 출입은 동부의 만입부를 제외하곤 비교적 단조로운 암석해안(巖石海岸)이며, 하천(河川)의 출구가 있는 곳에는 사빈해안이 발달되어 있다. 특히 서북부 두무진(頭武鎭) 해안은 혈암 규암이 거의 수평에 가깝게 퇴적된 곳에 파식(波蝕)에 의하여 절경을 이루어, 서해 해금강(海金剛)이라고 불릴 정도이다. 두무진은 대한민국 명승 제8호로 지정되었다.

　허 목사가 백령도에서 마지막으로 목회하던 사곶교회 앞 바닷가는 세계적으로 이름난 사빈해안(沙濱海岸)이다. 사곶 바닷가는 규조(硅藻)의 껍질로 이루어진 연질의 토양과 규조토(硅藻土)로 이루어져, 썰물 때에는 거의 수평에 가까운 펄이 콘크리트 바닥처럼 단단하여 자동차의 통로로 이용하며, 천연의 비행기 활주로로 이용되고 있다. 이런 천연 비행장은 현재 이탈리아의 나폴리와 더불어 전세계에

두무진에서 북한의 고향을 바라보는 작은아들 허태룡. 1956년

높은 바위봉우리에
함께 올라간
작은아들과 친구들

천연기념물 제391호 사곶 사빈(천연비행장)

천연기념물 제392호 남포리 콩돌해안

천연기념물 제393호 백령도 진촌리의 감람암포획 현무암 분포지

단지 두 곳 밖에 없다. 이 또한 백령도의 자랑이다. 현재 미군과 국군 비행기가 이곳을 사용하고 있으며, 허 목사가 시무하던 시절에도 교회에 급한 일이 생기면 군용기를 타고 육지에 나왔다. 모래사장은 폭 300m에 길이 4km인데, 천연기념물 391호이다.

백령도는 경치가 아름다울 뿐만 아니라, 천연기념물도 4개나 된다. 남포리 콩돌해안은 천연기념물 제392호로 지정되었고, 진촌리에는 감람암포획 현무암 보존지가 천연기념물 제393호로 지정되었다. 사곶의 천연 비행장과 함께, 이 세 군데 천연기념물은 최근 관광객들에게 널리 알려졌다.

그 뒤 2009년에 남포리의 습곡구조도 천연기념물 제507호로 선정되었으니, 이제 백령도는 섬 전체가 천연기념물이 된 셈이다.

인천에서 오는 배가 도착하는 사곶 용기포 신항 뒷산에 용기포 등대가 있고, 선착장 후면에서 산등성이를 넘어가면 잘 알려지지 않은 비경(秘境)이 있다. 용기포 등대해안은 시간에 따라 물 높이가 달라

천연기념물 제507호 남포리 습곡구조

져서 경치도 다르게 보인다.

백령도의 다양한 바위들이 오랜 세월에 걸쳐 아름다운 콩돌이 되었다가 비행기가 내려앉을 정도로 단단한 모래가 되니, 바위의 일생을 둘러보기에 적합하다. 우리나라에서 유일한 바다사자들의 서식지 물개바위도 두무진에서 빼어놓을 수 없는 구경거리이다. 점박이물범은 천연기념물 제331호이다. 이같이 아름다운 환경에서 허 목사는 태어났다.

예전에는 백령도 특산물로 까나리가 유명했는데, 요즘에는 자생쑥과 인삼도 유명해졌다. 백령도는 개성과 위도가 같은데다 서리 없는 기간이 180일이 넘고, 8월 평균 기온이 24.7도로 비슷해 인삼을 기르기에 아주 적합한 조건을 갖췄다. 게다가 도둑이 없어 6년근이 될 때까지 마음 놓고 기를 수 있다. 한국인삼공사가 홍삼 원료로 수매하는 6년근 인삼 가운데 최고의 품질을 자랑하면서, 작년 최상품

비율이 전국 평균의 두 배에 달했다.

　농산물 수확은 늘어나는데 인구는 줄어들어, 쌀농사는 섬 주민들이 3년 치를 자급할 수 있을 정도로 살림이 나아졌다고 한다.

### 국가지질공원으로 인증받은 백령도

　6일 인천시에 따르면 환경부는 최근 백령도 51km², 대청도 13km², 소청도 3km² 등 3개 섬 67km² 지역을 국가지질공원으로 인증했다.

　지질공원 내 지질명소는 백령도 두무진·용트림바위·진촌현무암·콩돌해안·사곶해변, 대청도 농여해변·서풍받이·해안사구·검은낭, 소청도 분바위 등 10곳이다.

　백령·대청·소청도에는 10억 년 전 신원생대의 변성 퇴적암이 분포하고 우리나라에서 가장 오래된 생물 흔적 화석인 스트로마톨라이트 흔적이 남아 있어 지질학적 가치도 매우 뛰어난 것으로 평가받고 있다.

　실제로 이들 3개 섬에서는 기상천외한 지형들을 어렵지 않게 발견할 수 있다.

대청도 나이테바위

소청도 분바위

대청도 농여해변 나이테바위는 세로로 서 있는 지층 때문에 강력한 지각 변화의 힘을 풍긴다. 또 서풍받이는 약 100m 높이에 이르는 규암 덩어리가 웅장한 수직절벽을 형성하며 절경을 자아낸다.

대청도 옥죽동 해안사구는 바닷가에서 바람에 날리는 모래로 국내 최대 규모 모래 언덕을 형성하며 광활한 사막의 느낌을 뿜어낸다. 또 소청도 분바위는 흰색 석회암이 높은 압력을 받아 대리석으로 변한 곳으로, 외계 행성에 온 듯한 착각을 불러일으킨다.

인천시는 백령도 해역 천안함 사건, 연평도 포격 사태 등으로 분쟁의 바다 이미지를 떨치지 못하던 서해 5도가 이번 국가지질공원 인증을 계기로 평화 관광 중심지로 거듭날 것으로 기대하며 관광 활성화 시책을 마련하고 있다.

우선 하나투어와 조만간 관광 진흥 협약을 체결, 하나투어가 보유한 국내 최대 관광 마케팅 플랫폼을 활용해 백령권 지질공원 관광을 활성화할 계획이다.

또 지역 주민을 대상으로 지질공원 해설사를 양성하고 지질공원 탐방 행사를 확대하는 한편 휴식공간 등 관광 인프라를 확충할 방침이다.
- 『연합뉴스』 2017.10.16 inyon@yna.co.kr

## 6) 백령도의 사적

옛날 첨사가 있던 진촌 주위에 성을 쌓았던 토성의 일부가 지금까지 남아 있다. 진촌 한들 입구 용기포에서 진촌으로 들어오는 입구, 상수도 급수장 부근에 장군석이 세워져 있는데, 쓰러져 있던 것을

1975년 5월 24일 진촌리 새마을사업으로 복구했다. 장군석에 대한 전설은 두 가지가 있다.

첫 번째 전설은 옛날 백령 첨사가 진(鎭)을 설치하였을 때, 진의 전면이 너무 험하다고 하여 황해도 해주에서 장군석을 만들어다 세웠다고 한다. 그 이후에 언젠가 망쟁이(맷돌을 만드는 사람)가 무엄하게도 이 장군석 머리 부분을 절단하려고 하자 장군석에서 피가 갑자기 흘러 자르지 못하고, 망쟁이는 그 자리에서 피를 토하며 죽고 말았다고 한다. 그런데 당시인지는 몰라도 장군석 윗부분이 절단된 상태로 쓰러져 있었던 것을 복구하면서 떨어진 윗부분을 만들어 시멘트로 부착하여 복구했다고 한다.

둘째 전설은 퇴조비(退潮碑)로서, 바닷물이 더 이상 들어오지 못하게 해달라고 세웠다는 것이다. 현재 세워진 위치를 살펴보면, 퇴조비라는 것도 넉넉히 상상할 수 있다.

두무진에는 노일전쟁(露日戰爭) 때 일본군의 병참기지가 건설되었는데, 지금은 콘크리트 흔적만 남아 있다. 이전에는 이곳이 산림이 울창한 곳이라 하여 두모진(頭毛鎭)이라 불렀으나, 병참기지가 생긴

백령 첨사 선정비

이후에 두무진(頭武鎭)으로 바뀌었다고 한다.

불교 유적은 거의 없다. 중화동에 해승암이 있던 곳을 지금은 절골이라고 하는데, 옛 기왓장만 남아 있을 뿐이다.

백령진(白翎鎭)이 설치된 1733년 이후 첨사(僉使)들의 선정비(善政碑)가 12점 있었는데 6점은 행방불명이고, 6점만 남아 있는 것을 지금은 한곳에 모아서 복구 건설했다. 허 목사의 5대조 허종이 18세기 후반에 이 첨사를 따라 백령도에 들어왔는데, 그의 선정비가 남아 있지 않아 아쉽다.

### 7) 백령도의 종교적 배경과 전설

백령도는 삼국시대에 곡도(鵠島)라고 불렀다. 따오기 곡 자를 붙인 것으로 보아 옛날에 이 섬에 "따오기"란 새가 많이 살았던 것으로 생각된다. 『삼국유사』 제2권에는 "우리 말로는 골대도라고 한다[鄕云骨大島]"라고 한 점으로 보아 "골대(곧)"이라는 우리말 소리를 차음(借音)하여 기록한 것 같다.

『삼국유사』의 기록을 보면, 신라 51대 진성여왕 때 왕의 막내아들 양패(良貝)가 당나라에 사신으로 간 일이 있었다. 그 일행이 배를 타고 곡도(백령도)에 이르니 풍랑이 크게 일어 10일이나 이 섬에 머물게 되었다. 걱정되어 알아보니 이 섬 안에 있는 신지(神池)에 제사를 드리라는 것이다. 그 말대로 제사를 드렸더니 꿈에 백발노인이 나타나서 활 잘 쏘는 사람 하나를 섬에 남겨두고 가면 순풍을 얻을 것이라는 것이었다. 이에 무사들이 제비를 뽑아 거타지(居陁知)란 사나이가 선발되었다.

사신 일행이 떠난 뒤 거타지 혼자 수심 겨워 있노라니 문득 백발 노인이 못 가운데 나타나 "우리 가족을 해치는 요물을 퇴치해 달라" 고 부탁하였다. 백발노인은 서해의 신인데, "우리 가족들이 요물에게 다 죽고 이제 우리 부부와 딸 하나만 남았으니 꼭 살도록 해달라"고 하였다.

　거타지는 노인의 청을 쾌락하고 그 요물이 나타나는 것을 기다렸 다가 활로 쏘아 죽이니, 해묵은 구미호(九尾狐)였다. 노인은 감사하여 자기 딸을 거타지에게 아내로 주었으며, 그 딸을 한 송이 꽃으로 변 화시켜 품속에 넣어가지고 가게 했다. 거타지는 용의 도움으로 당나 라에 가서 사명을 감당하고, 융성한 대접을 받고 고국에 돌아와 꽃으 로 변화했던 여자를 다시 사람으로 회생시켜 함께 행복하게 살았다.

　거타지의 이야기에서 꽃으로 변하는 용녀는 『심청전』에서 연꽃 위에 환생한 심청과 흡사하다. 이 점으로 보아 거타지 설화와 『심청 전』의 관련성을 논한 학자들도 있다. 이 두 이야기의 배경이 공교롭 게도 흡사하다는 점에서 더욱 서로의 관련성이 짙어지고 있다.

　심청이 몸을 던진 장산곶 앞바다 당사못은 백령도 용기포(용틀바 위) 굴에서 마주 바라다보이는 위치에 있다고 한다. 심청이 연꽃으로 떠올랐다고 전하는데, 장사꾼들이 떠날 때, 돌아올 때, 반드시 들른 곳이 백령도다.

　이 섬과 바다의 물은 이상하여 이 고장을 지나는 사신이나 상인, 어부들이 용신에게 돼지를 잡아 제사를 지내야 하는 풍속이 생겨났 다. 백령도 연화리에 있는 용굴에는 해룡에게 처녀를 제물로 바치던 옛 전설이 근세까지 전해 내려오고 있다. 그래서 마을 이름도 연화리 (蓮花里)이다. 흔히 중화동이라고 부르지만, 호적에 기록된 허 목사의 출생지가 바로 연꽃이 피어난 연화리이다.

백령도는『심청전』의 무대였던 사실을 기리기 위해 1999년에 인당수와 연봉바위가 보이는 진촌리 북쪽 해안가 산마루에 심청각을 건립하였다.

심청각은 2층 한옥식 건물로 1층은『심청전』에 관련된 판소리, 영화, 고서 등과『심청전』의 내용을 극화한 모형물을 전시하고, 2층은 옹진군의 역사, 서해5도의 비경, 백령도의 특산물, 백령도 전래설화 등과 여행 명소를 소개하는 코너들로 구성되어 있다.

전해오는 전설 하나를 더 소개한다. 그 옛날 바다 건너 장산반도에 사랑하는 두 남녀가 살았다. 그런데 불행하게도 남자는 역적으로 몰려서 사람이 전혀 살지 않는 무인도인 이 섬(백령도)으로 정배 왔다. 사랑하는 여자를 육지에 홀로 남겨두고 무인도에 귀양 가야 했던 사내의 마음도 오죽했으랴마는, 육지에 홀로 남게 된 여자 역시 비감하기 이를 데 없었다.

여자는 매일같이 바닷가에 나와 임 가신 섬을 바라보며 울고 통곡하였다. 애처롭기 한이 없었다. 그런데 이상하게도 어디서인지 커다란 흰 새가 날아와 여자를 태우고 백령도로 날아갔다. 그래서 두 남녀는 극적으로 재상봉하여 행복하게 살면서 백령도 도민의 시조가 되었다. 그래서 이 여자를 싣고 온 '흰 새'란 이름 뜻을 따서 백령도(白翎島)로 굳어져 오늘에 이르고 있다고 한다.

바다와 미신은 서로 붙어 다니게 마련이다. 백령도 진촌리 뒷산 넘어 바닷가 낭떠러지 위에 서낭당이 있었다. 최근까지 이 고장 사람들의 소박한 신앙의 대상이 되었으나, 주민들이 대부분 기독교 입교하면서 점점 사람들의 기억 속에서 멀어졌다.

쾌속정이 인천과 백령도를 오가면서 백령도가 관광지로 널리 알려졌다. 관광객들에게는 중화동교회를 둘러보는 것이 필수 코스 가운데 하나이며, 냉면과 생선회를 비롯해 향토음식도 다양하다. 백령도 답사하실 독자들을 위하여 백령도 관광지도를 소개한다.

# 2.
## 백령도와 기독교 전래의 배경

우리나라에 기독교가 공식적으로 들어오기 전부터 기독교의 발자취를 가장 많이 받아들인 곳이 바로 백령도이다.

### 1) 귀츨라프 선교사의 백령도 접근

목사의 신분으로 한국에 처음 온 분은 귀츨라프(K.F.A Gutzlaff, 곽실엽) 선교사이다. 그는 1803년 7월 8일 독일 포메라니아 피리츠에서 출생하였다.

소년 시절부터 선교사 되기를 소원하여 할레대학을 마치고 베를린 선교사 양성소에서 국비로 공부하였는데, 어학에 소질이 있어 6개국어를 습득하였다. 후일 한국에 왔을 때 주기도문을 한글로 번역했다는 설을 뒷받침해 준다.

귀츨라프 선교사 초상화

귀츨라프가
중국 학술지에 소개한
한글

　그는 영국으로 갔다가 모리슨(R. Morison) 목사의 지도를 받아, 네
덜란드 선교회 파송으로 중국에 갔다. 중국에서 제2차로 한국 선교
를 위한 해안선 답사차 1832년 7월 17일(음 6월 21일) 우리나라 서해
안에 있는 백령도 부근까지 왔다. 그러나 백령도에 상륙한 것은 아니
고 장연군 조이진 몽금포까지 왔다고 한다.

　로드 에머스트호(Lord Amherst) 최초의 상륙 지점이 원문 기록에
는 "Chawang-Shan, an island north of Basil's Bays"로 되어 있다.
배실만 북쪽 창선도로 볼 때, 다른 여러 해석도 있으나, "Chawang-
Shan"의 "Chawang"은 "장"으로 발음할 수도 있고, "Shan"은 "선"
보다 "산"에 가깝다. 그렇다면 "장산", 즉 장산곶일 가능성이 크다.

　그러나 우리나라 『순조실록』 1832년 6월 21일조에는 이렇게 실려
있다.

　　김남순이 황해 감사로 있을 때에 이양선(외국 배)이 장연현 조
　　이진 어구에 정박했는데, 관내의 어부들이 고기와 책을 서로 주고
　　받았다. 그 고을 관리가 글로 응대했는데 수사(水使) 및 지방관은
　　다만 보통 당나라 선박과 거래하는 것으로 보고하였다. 그 뒤에
　　선체(船體), 인물, 복색이 홍주에 정박한 영국 상선과 다름이 없음

을 듣고서 "상세한 실정을 묻지 않고 그가 스스로 떠나가는 대로 맡겨 두어서 끝내 사실을 보고하지 않은 것은 변방의 국방 문제와 관련이 있다"고 하여, 수사 윤우현, 김성익 및 그 진영 장수의 죄를 논하고, 체포하여 처형하였다.

"홍주에 정박한 영국 선박과 다름이 없다"라는 구절을 보아 그 전에 영국 선박이 온 것 같은데, 일자로 보아 그것을 같은 선박으로 보지는 않은 것이다.

귀츨라프보다 앞서서 영국 군함 리라호 함장 맥스웰(M. Maxwell)과 바실 홀(B. Hall)이 황해도 서해안 백령도 근방인 대청도에 와서 성경을 전달하고 간 일도 있었다. 그래서 그 일대를 외국 지도에서는 바실

바실 홀 여행기에서 헤이벨이 그린 소청도 주민들

만(Basil's Bay)이라고 표기한다. 그 연대는 1816년 9월 1일이었다. 그렇다면 16년이나 앞선다고 하겠다. 귀츨라프 목사는 같은 유럽의 선교사로는 천주교 선교사보다 4년 앞서 내한한 셈이다.


## 2) 토마스 선교사의 백령도 선교 시도와 평양 순교

토마스(F.J.Thomas, 崔蘭軒 또는 탁마준)는 1840년 9월 7일 영국 웨일즈 리야드에서 회중교회 목사의 아들로 태어났다. 어려서부터 외국 선교사로 헌신하기를 기도하며 자랐다. 결혼 직후 런던선교회로

부터 중국 선교사로 임명을 받아, 신혼
여행이 중국 선교여행이 되었다. 토마스
의 나이는 불과 23세였다.

토마스 선교사 초상

　중국 상해에서 선교사업을 시작한 지
얼마 안 되어, 그의 아내는 중국 생활에
적응하지 못하고 식사도 제대로 못 했
다. 마침 토마스가 선교여행으로 출타했
을 때 몸이 극도로 쇠약해져, 사흘을 굶
으며 신음하다가 죽고 말았다. 슬픔에
빠진 토마스는 한때 선교사업을 단념하
려고까지 했었다.

　그런데 마침 한국에서 온 천주교 신자 김자평에게서 한국 교회 수
난상을 듣고 한국 선교에 몸 바치기로 결심했다. 1865년 중국 주재
윌리엄슨(A.Williamson) 선교사의 후원을 받아 한문성경과 전도지를
공급받고, 중국인 우문태의 선박을 전세 내어 한국 선교의 장도(壯途)
에 올랐다. 당시 토마스의 나이 25세.

　1865년 9월 4일에 범선을 타고 출발하여 9월 13일 백령도에 도착
한 뒤, 주민들에게 성경을 나눠주고 중국으로 돌아갔다. 첫 선교 목
표지를 백령도로 정한 것은 지리상 중국에서 가장 가까운데다, 외딴
섬이어서 관원의 무력(武力)이 상대적으로 미약했기 때문이었다. 토
마스가 섬사람들에게 성경을 나눠주었다고 하지만, 백령도 주민들이
관가의 눈이 두려워서 버리거나 불태워버린 까닭에 전해 온 성경이
하나도 없다고 한다.

　토마스는 그 이듬해(1866)에 다시 윌리엄슨의 격려를 받으며 미국

상선 제너럴셔먼호를 타고 황해도 서해안에 있는 한 섬에 도착했다. 『고종실록』 3년(1866) 7월 15일 기사에 황해 감사 박승휘가 올린 보고서가 실렸는데, "황주목 삼전방 밖에 있는 송산리 앞바다에 이양선(異樣船)이 정박하였다"고 했다. 7월 8일에 선원들과 처음 면담하였으니, 그 전날쯤 도착한 듯하다. 박승휘가 인용한 황주 목사 정대식의 보고서에는 토마스 일행을 이렇게 묘사하였다.

> 모두들 눈은 우묵하게 들어가고 콧마루는 덩실하게 높았으며, 눈알은 시퍼렇고 머리칼은 샛노란 사람들이니, 확실히 서양인이라고 의심할 수밖에 없었습니다. 최란헌(토마스)이라는 사람은 중국 말을 잘 알 뿐만 아니라 우리나라 말도 어지간히 알고 있어, 혹은 알아듣기도 하고, 혹은 알아듣지 못하기도 하였습니다. 제게 하는 말은 전적으로 (중국인 통역) 이팔행(李八行)이라는 사람에게 맡겼습니다.

황주 목사 정대식의 보고에 의하면 중국에서 선교활동을 한 토마스 목사는 이미 중국어에 능통했을 뿐만 아니라 최난헌(崔蘭軒)이라는 한자 이름도 가지고 있었으며, 조선 선교를 위해서 우리나라 말도 어지간히 배웠음을 알 수 있다. 그는 선교사이면서, 무역선의 선장 노릇도 했다. 이날도 황해도 땅에 상륙하려는 명분은 물물교환(物物交換)이었다.

이들은 이미 백령도를 지났는데, "7월 1일에 산동(山東)에서 출발하여 백령도, 초도곶(椒島串), 석도(席島)를 거쳐, 방향을 바꾸어 평양으로 가는 길입니다."라고 행선지를 밝혔다. 그러나 이들의 최종 목적지는 서울(한양)이었다. 그들은 조선에서 가장 큰 도시가 서울(한양)이고, 그 다음은 평양이라는 것을 알고 있었으므로, 조선에 찾아온 목적을 이렇게 밝혔다.

우리 배의 모양은 전선(戰船) 같지만, 사실은 상품(商品)을 무역하려고 합니다. 당신네 나라에서 종이와 쌀, 금, 인삼, 초피(貂皮) 같은 물건들을 우리가 가지고 온 양포(洋布)나 그릇들과 바꾸면 서로 손해가 없을 겁니다. 물품 교환이 일찍 끝나면 곧바로 평양에서 (중국으로) 뱃머리를 돌리겠지만, 그렇게 되지 않으면 서울에 올라가서 상품을 바꾼 뒤에 돌아가겠습니다.

이들은 황주 송산리에 사흘쯤 머물다가 9일 평양으로 떠났다. 백령도 체류기간에 이들이 도민들의 박해를 받거나 관가에 고발한 일이 없었던 것으로 미루어 보아, 백령도 사람들의 인심이 후했던 것으로 판단된다. 황주 목사 정대식은 토마스 목사의 생김새를 이렇게 보고하였다.

최난헌은 나이 36세, 키는 7척 5촌, 얼굴색은 철색(鐵色)이며, 누런빛 고수머리에 검은 수염이다. 옷차림은 회색 모자를 썼고, 검은색과 흰색의 반점이 찍힌 두툼한 비단으로 만든 홑적삼을 입었으며, 검은빛 가죽으로 만든 목이 긴 신을 신었다. 허리에 혁대를 띠고, 작은 서양식 총과 환도를 찼다. 문관직(文官職)의 4품 관리로, 영국인이다.

토마스는 1차 백령도 선교여행에는 결실을 못 보았으나, 2차로 평양에 재도전해 왔다. 황해도에서 떠난 지 열흘 만에 평양에 도착했는데, 퇴각을 명령받고도 듣지 않고 오히려 총을 쏘다가 한국 군의 공격으로 배는 불타버렸다. 7월 18일 평안 병사 이용상이 조정에 올린 보고서에 의하면 11일 대동강에 도착해 며칠 동안 만경대까지 오르내리며 통상(通商)을 교섭했다고 한다. 그러나 거듭 퇴각하기를 요구해도 물러나지 않자, 27일에 화공(火攻)을 시도하여 배는 불타버렸다.

토마스 목사는 산 채로 잡혀 끌려 내려졌지만, 성난 민중들에 의해 매 맞아 죽었다. 평안 감사 박규수는 27일 자로 이날의 승리를 조정에 보고하였다. 토마스는 성경 100여 권을 나눠주고 자신은 순교하여 한국 교회의 씨앗이 되었으며, 밑거름이 되었다. 그날은 9월 2일이었다.

## 3) 천주교의 백령도 전래와 허 목사

조선 교구 제3대 주교로 임명된 페레올(Ferreol, 고 주교)은 중국에 체류하여 한국에 입국하려는 메스트르(Meistre, 이 신부) 신부와 최양업(崔良業) 부제(副祭)를 도와주었다. 함경도 경원을 경유하여 입국할 것을 지시했으나, 훈춘에서 체포되어 요동으로 송환되고 말았다.

천주교는 이미 입국하여 활동 중이던 김대건 신부에게 명하여 이 신부와 최 부제를 바닷길로 맞아들이는 길을 찾아보게 하였다. 해마다 음력 3월에서 5월 사이에 황해도 연안에서는 조기잡이를 하므로, 김대건은 그 해역에 출어하는 청나라 교우의 어선을 이용하여 그들에게 연락하기로 하였다.

김대건은 모든 준비를 갖추고 1846년 5월 14일 마포를 떠나 5월 25일 연평도에 도착했다. 순위도를 거쳐 소청도 대청도를 지나 천신만고하여 백령도 해안까지 이르러, 100여 척 중국 어선 중에서 믿을 만한 중국인 어부를 만나 편지와 해도(海圖)들을 잘 전달해 달라고 부탁하였다. 김대건 신부는 모든 일이 잘되어서 감사하며 순위도로 돌아왔다.

그러나 뜻하지 않은 사태가 일어났다. 순위도에 머무는 동안 등산 첨사 정기호가 포졸 30여 명을 데리고 와서 배 주인과 뱃사공을 체포하더니, 김대건 신부도 체포하였다. 무자비하게 구타하며, 옹진 감옥을 거쳐 해주로 압송하였다. 김대건 신부는 40여 일 동안 모진 고문을 받고, 9월 16일 한양(서울) 새남터에서 효수형으로 순교하였다. 김대건 신부의 나이는 26세였다.

그 후 천주교가 백령도에 언제 누구를 통하여 정식으로 포교되었는지는 구체적인 사료가 없다. 1913년 당시 최상현 면장이 포교하다가 2년 후에 중지되었다. 그 후 장연읍에서 최경림 전 면장에게 시집온 김양겸 부인이 천주교를 포교하다가 1945년 8·15 해방 이후, 최경림, 이호연, 장인균, 정만원, 홍인강 등이 중심이 되어 집회를 가지던 중, 1955년 윤을수 신부가 백령도에 왕래하면서 본격적인 전교활동을 전개했다.

그 후 1959년 부영발(Edward Moffett) 신부가 정식으로 본당 신부가 되면서 본격적 전교활동을 전개하였다. 개신교와 천주교 사이에 왕래가 거의 없던 시절이었지만, 허 목사는 부영발 신부와 가깝게 지내며 선교에 동역하였다. 부 신부는 '복자 김안드레아병원', 양로원, 고아원들을 세우고, 각 동리에 공소를 세웠다.

# 3.
# 백령도 교회 설립의 역사

## 1) 김성진의 백령도 유배와 기독교 선교

아래의 글은 1986년 2월 1일 자 『기독신문』에 〈신맥(信脈)〉이란 주제 아래 한국 교회 뿌리찾기운동의 일환으로 초대교회 몇 곳을 소개할 때에 실렸던 글이다. 당시 『기독신문』 편집국장이던 변순재 목사와 필자(이찬영)가 허응숙 목사를 예방하여 청취한 백령도교회 창설 요지 가운데, 1865년 토마스 목사의 백령도 상륙 및 문서선교 부분이다. (원문대로 옮겨 싣는다.)

> 토마스 목사가 이 섬에 왔다는 말은 내가 어렸을 때 들은 이야기인데, 사실은 그가 탄 배가 백령도에 올 목적은 아니었고, 한양(오늘의 서울)으로 가려다가 해상 지리가 어두워서 백령도에 일단 정착했던 것으로 추측된다.
>
> 그 당시 백령도 첨사(행정최고 책임자)는 무관이었는데, 웬 낯선 배가 '갈리(가을리)에 왔다'고 하여 찾아가 보니 배를 타고 온 사람은 서툰 중국 말로 하다가는 '쏼라쏼라' 하는데 무슨 소리인지 분별이 안 되고, 생김새가 이상하게 생긴 처음 보는 사람이라, 첨

사가 배 안을 수사해 보니 무기는 없고 책(성경과 교리서 전도지)만 많이 있었다. 그 사람은 만나는 사람마다 허리를 굽신거리며 인사하고, 책을 주는데 전혀 악의가 없는 사람으로 판단되어 석방하였다.

이때 토마스는 만나는 사람마다 악수를 청했는데, 어떤 사람은 손을 잡기도 하고, 어떤 사람은 팔짱을 끼고 거부하며 구경만 하기도 했다. 이 사람이 책을 자꾸 나누어 주는데, 호기심으로 받은 사람도 있었으니 한문으로 된 성경(쪽복음)이었다. 그러나 책을 받았던 사람들도 후에 그 책이 천주학 책이라는 것을 알고, 후환이 두려워서 없애 버렸다. 누구든지 그가 기독교(개신교) 선교사라는 것을 아는 사람은 없었을 것이다. 다만 이들이 한양 가는 길을 물었다는 것으로 판단된다.

기독교는 이로부터 30년 뒤에 백령도에 다시 들어왔다. 허 목사의 조부 되는 허득(許得) 공은 황해도에 살다가 백령 첨사의 책실로 이 섬에 들어온 허종(許鍾)의 증손자인데, 통정대부 동지를 지냈다. 갑신정변(1884년) 이전에 서울에 오가며 개화파 인사들과 교유했는데, 갑신정변이 실패하자 김옥균과도 교유가 있었으므로 신변이 위태로워져서 고향인 백령도로 낙향하여 조용히 지내고 있었다.

하향한 지 10여 년 뒤에 충남 출신의 진사(進士) 김성진(金聲振)이 정부를 전복시키고 요인들을 암살하여 개화파 정부를 세우려다가 실패하고, 체포되어 백령도로 유배되어 왔다. 주모자 5명 가운데 송진용과 황학성은 교수형에 처하고, 나머지 3명은 종신형에 처하였는데,『고종실록』34년(1897) 7월 16일 기사에 김성진의 이야기가 실려 있다.

　　법부대신 한규설이 제의하였다.

　　"고등재판소에서 심리한 죄인 송진용·홍현철·황학성·김성진·장지영 등은 궁중에 가까이 모시는 사람들과 정부의 여러 대신들을 제거하고 정부를 개혁할 것을 모의했는데, 모살하려던 계책이 누설되었습니다. 이러한 사실이 증인의 공술에서 명백히 밝혀졌습니다.

　　송진용은 모반조(謀叛條)에서 '모의를 꾸몄으나 수행하지 못한 죄'에 해당하는 법조문으로, 홍현철은 '같은 범인으로서 추종한 죄'에 해당하는 법조문과 '임금에게 불온한 말을 하여 인정과 도리를 해친 죄'에 해당하는 법조문에 따라, 함께 교수형(絞首刑)에 처할 것입니다.

　　황학성과 김성진은 같은 범인으로서 추종한 법조문에 따라 종신(終身) 유형(流刑)에 처하며, 장지영은 '사실을 알고 있으면서도 고발하지 않은 죄'의 법조문에 따라 3년 유형에 처할 것입니다."

　　임금이 지시하였다. "(법부대신이) 제의한 대로 할 것이다. 그러나 참작해볼 것이 없지 않은 만큼, 황학성과 김성진은 각각 두 등급을 낮추어줄 것이다."

　　임금의 감형(減刑) 지시에 따라 김성진은 종신형(終身刑)보다 한결 가볍게 백령도로 유배왔다. 예전에 서울에서 개화파와 함께 어울렸던 허득과 김성진은 뜻밖에 백령도에서 다시 만나게 되었고, 같은 처지의 동지임으로 서로 친하게 되었다.

『각도배수안(各島配囚案)』
첫 장에 백령도에 유배 온
김성진의 이름과 내역이 실
려 있다.

　서울에서 진사로 활동하던 지식인이었으므로, 허득은 김성진을
훈장으로 모시고 중화동에 서당을 차렸다. 김성진이 백령도에 유배
된 소식은 각 섬에 유배된 죄수 명단인 『각도배수안(各島配囚案)』에도
"김성진(金聲振) 모사범행(謀事犯行) 유십년(流十年)"이라 기록되어 있
다. 광무(光武) 원년(1897) 11월 6일 자로 간행된 이 책자는 왕실 도서
관인 규장각에 소장되어 있다.

　그런데 김성진이 성경과 찬미가 책을 가지고 왔기 때문에 허득과
도민들에게 복음을 전하기 시작했다. 김성진은 원래 기독교인이 아
니었는데, 그가 우연히 성경책을 가지고 백령도에 유배 간 이유에 대
해 언더우드 선교사가 뒷날 이렇게 증언하였다.*

　　몇 년 전 한국에 일어난 많은 정치적 격변과 소동의 와중에 오
늘의 애국자가 내일의 반역자가 되고, 그 다음 날에 다시 애국자

* ── 이 부분은 뒷날 다른 자료를 찾다가 발견하여 추가하였다. -손자 경진

가 될 수 있는 판국에 많은 관리들이 종신형을 선고받고 한국 해안의 여러 섬으로 귀양을 가게 되었다. 이 가운데 고위직도 아니고 하위직도 아닌 한 관리가 있었는데, 그는 또한 왕실에 줄을 대서 형량을 감소시킬 만한 힘도 없는 자였다. 그의 사위는 얼마 전에 기독교인이 되었으며, 장인에게 하나님과 그리스도와 죄와 구원에 대해서 자주 말했다. 나이가 지긋한 그 양반은 사위가 하는 말을 정중히 들었지만, 사실 아무런 효과는 없었다. 사위는 귀양선고를 받은 장인의 짐 속에 성경 한 권을 넣었고, 그 관리는 여생을 보낼 섬으로 내려갔다.

그가 귀양을 간 섬은 흰 날개라는 뜻을 가진 '백령도(白翎島)'로 육지에서 약 30마일 떨어진 서해안에 있었다. 그곳은 유명한 장연군 건너편에 위치해 있었는데, 장연에는 여러 개의 자급하는 큰 장로교회들이 소래교회를 중심으로 번창하고 있었다. 섬에 도착한 후 그 관리는 소일 삼아 성경을 읽게 되었다. 얼마 지나지 않아 그 관리는 성경이 말하는 진리를 확신하게 되었고, 이 새로운 진리를 주변의 이웃과 섬 주민들에게 알리고 싶었다. 그는 그들을 만나 최대한 자세하게 자신이 성경에서 발견한 새 종교, 새 진리, 새 희망에 대해서 말하기 시작했다.[*]

사위가 유배 가는 장인의 짐보따리에 넣어준 성경책이 결국 백령도에 복음을 전하여 많은 교회를 세우게 된 것이다. 서울에 살면서 새로운 문명을 접했던 허득은 서울에서 전도를 받은 바 있어 기독교

[*]── 언더우드, 「백령도에 복음이 들어간 내력」, 『세계선교평론』, 1904년 6월, 519~521쪽.

에 대해 전혀 모르는 바가 아니었
는데, 이제 김성진을 통해 자세하
게 진리를 터득하게 되었으니 얼
마나 다행한 일인가. 복음을 글자
그대로 하나님의 축복으로 받아들
이고, "세상 꼴 되어가는 것을 보
니 이대로는 안 되겠다"고 개탄하
며 신앙생활에 열중했다.

허응숙 목사의 사촌형인 허간
(1885~1972) 목사는 중화동교회의
최초 세례교인이자 제1대 집사, 장
로이다. 황해도에서 목회하다가

백령도 중화동교회를 지원해준
언더우드 선교사

남북 분단 이후 중화동교회에 돌아와 23년 동안 시무했는데,『중화
동교회 약사』에서 어릴 때 보고 들었던 기억을 이렇게 기록하였다.

> 기울어져 가는 정부와 정치를 바로 잡으려고 상서(上書)와 충언
> (忠言)을 하다가 간신도배(奸臣徒輩)들에게 애매히 잡혀서 혹 사형
> (死刑) 고문당하다가 배소(配所)로 이 도(島)에 와서 류하난 지사 4,
> 5분이 있었난데, 기중(其中) 충청도 공주에 거주하난 지사이시던
> 김성진(진사) 씨 되난 선생이 본동 허득(동지) 씨 댁에 와서 류(留)
> 하며 청소년들에게 한문을 훈학(訓學)하시면서 허득 씨 노인과 상
> 의하기를, "내가 서울셔 신약(新約 순한문)이라난 책을 사 가지고
> 왔는데 사서(四書)와 삼경(三經)과 대조해보니 전부 내용이 이 성
> 경이 이 책들의 근본이 되난 것 같소이다. 고로 예수교를 믿어야

현재와 장래에 유망(有望) 유효(有效)하겠으니 예수교를 믿게 해
봅시다." 한즉 허득 씨도 지사라, 믿기로 두 분이 결정을 하고 ….

언더우드 선교사는 허득과 김성진이 구체적으로 백령도에 교회를
설립하는 과정을 이렇게 증언하였다.

그는 사람들에게 "만일 그들이 진리를 알기 원하면 배를 타고
바다를 건너 소래마을에 가서 그곳 교회의 서경조(徐景祚) 장로에
게 더 물어보라"고 말했다. 그는 또한 기독교 진리를 조명해 주는
많은 책들이 있다고 말했다. 그래서 섬 주민들 일부가 이 책들을
사기 위해 돈을 들고 육지로 건너가서 소래교회를 방문했다. 교회
회중은 그들을 기쁘게 맞이했고, 마음껏 머물러 있도록 잘 대접했
으며, 책들을 제공해 준 후 고향으로 돌아가도록 해 주었다.

그들이 가장 절실하게 요청한 것은 교사였다. 하지만 일이 많아
서 서경조나 다른 영수들은 섬으로 건너가지 못했다. 그러나 섬
주민들은 더 많은 진리의 빛을 찾아서 자주 육지로 나왔다. 점차
많은 신자들이 함께 모였고, 그 관리를 영수로 세웠다.

처음 섬 주민들의 방문을 받은 지 2년 만에 서 장로는 한두 사
람과 함께 그 섬을 방문할 수 있었다. 그때는 마침 다수의 섬 주민
들이 그들의 운명을 주관한다고 믿었던 신에게 매년 드리는 마을
제사를 준비해 놓은 1899년 가을이었다. 주민들은 많은 음식을
마련하고, 많은 막걸리를 빚었으며, 강한 소주를 걸렀고, 희생 제
물에 쓸 많은 돼지를 잡았다.

서경조가 섬에 도착했을 때 모든 것이 준비된 상태였다 소수의

기독교인들은 제사 준비에 반대하려고 최선을 다했는데, 서 장로가 오는 것을 하나님의 사자가 오는 것처럼 반겼다. 그들은 그를 제사를 드리기 위해서 모인 군중에게 데리고 가서 연설을 하도록 주선했다. 섬 주민들은 기꺼이 이에 응했고, 서 장로는 간단히 기도한 후 강력하고 효과적인 한국어로 제사의 무용성을 지적했으며, 점진적으로 그들이 범하려는 죄를 직시하도록 인도했다. 성령의 임재가 매우 분명하게 나타나, 그들이 이구동성으로 말했다.

"구원을 얻으려면 무엇을 해야 합니까?"

그들은 바로 막걸리와 술을 바다에 쏟아부었고, 이방 신에게 바칠 희생 제물로 마련했던 돼지들을 팔아서 곡식을 샀으며, 모인 기독교인들에게는 참신을 예배하기 위한 예배당을 건축하도록 첫 기금을 주었다. 그리고 우상 숭배의 모든 흔적을 즉시 파괴했으며, 하나님을 예배하는 방법을 가르쳐 달라고 부탁했다.

서경조 형제는 그들과 많은 날을 함께 보내면서 진리를 가르쳤다. 그가 육지로 돌아올 무렵, 그는 예배당의 기초가 마련되는 것을 보았으며, 예배당 건축위원회는 필요한 물품을 사기 위해서 그와 함께 배를 타고 나왔다. 이들 주민들이 모두 진지한 기독교인이라고 생각해서는 안 된다. 많은 자들이 아직도 이교의 흑암 속에 있다. 그러나 그들은 빛을 찾고 있다. 일부는 약간의 빛을 보았고, 주 예수 그리스도를 확실히 신뢰하고 있다. 우리는 그들 가운데 선한 일을 시작하신 하나님께서 완성해 주실 것을 믿는다.

한국의 해안선을 따라 수많은 섬들이 있으며, 원시적인 섬 주민들에게 사역할 많은 기회가 있다. 오늘 한국의 전국 방방곡곡은 복음을 향해 문을 활짝 열고 있으며, 한국인들은 오래된 이교 숭배가 쓸모없다는 것을 점점 더 깨닫고 참신을 찾고 있다. 오늘 그들에게 이 복음을 주는 것이 바로 그리스도의 교회의 특권이다.[*]

한양에서 귀양 온 김성진 진사가 중화동에 서당을 열어 동네 아이들을 가르치고, 주일에는 동네 어른들을 모아서 교회를 열어 예배를 보기 시작하자, 허 목사도 김성진을 통해서 기독교를 만나게 된다. 여기부터는 다시 허 목사의 증언이다.

나는 12살 때 마을 서당에서 (허득) 할아버지로부터 한문을 배웠는데, 어느 날 웬 낯선 손님이 찾아와 할아버지를 만났다. 그 후부터는 그 노인이 서당 훈장이 되었기에 계속하여 그에게서 한문을 배웠다. 그런데 공부하려고 서당에 아침 일찍 가보면 훈장 어른이 엎드려 무어라 한참 동안 중얼거리는 것을 보고 속으로 "아마 배가 아파서 그런가 보다"라고 생각했다. 그 후 쉬는 시간에도 꼭 같은 자세로 책상에 엎드려 중얼거리는 것을 보고 "몹시 아프신가 보다"하고 은근히 걱정했는데, 후에 그것이 바로 기도드리는 것인 줄 알게 되었다.

그 후 서당에서 공개적으로 예배를 드리게 되어 12세 소년 시절부터 신앙생활을 시작했다.

허 목사의 증언처럼 백령도는 정변(政變)으로 인해 유배 온 김성진의 전도로 교회가 창설되었다. 1898년에 허득과 김성진 두 사람

*── 이만열·옥성득 편역, 『언더우드 자료집Ⅲ』, 연세대학교출판부, 2007, 182~184쪽.

이 장연 송천(소래)교회에 김달삼이란 사람을 보내어 성경과 전도지를 구해 오니 백령도 전도가 본격화되었다. 1897년 8월에 한문서당에서 정식으로 창립예배를 드렸으며, 소래교회 서경조 장로가 그날 예배를 인도하였다. 허 목사가 서당에서 한창 공부하던 아홉 살 때이다. 다음 주부터는 평신도인 두 분의 인도로 예배를 드렸으며, 중화동에 터를 확보하고 초가집 예배당을 지은 것이 백령도 중화동교회의 공식 출발이다.

## 2) 학교 교육의 시작과 유교식 예배

처음 초가 예배당을 지은 그 자리에, 후에 함석집으로, 또 그 후에 벽돌 기와집으로 개축하기를 네 차례, 그러나 본래 시작한 그 자리를 떠나지는 않았다.

기독교가 들어온 곳은 어디나 그랬듯이, 백령도에서도 무지한 도민들을 깨우치려고 교회당에서 한글을 중심으로 신학문을 가르치는 학교를 시작하였다. 자라나는 청소년들 중심으로 교육을 실시했고, 처음에는 중화진 한 곳이었다가 사곶교회에서도 학교를 시작했다.

이렇게 시작된 백령도 교회는 그 후 소래교회에서 들어온 전도인들을 통하여 복음이 더욱 힘차게 전파되었다. 이곳 교회 당회장은 소래교회 담임인 서경조 목사였는데 때에 따라 가끔 순회하면서 보살폈다. 언더우드 선교사도 찾아와서 도와주어 교회 발전에 활력소가 되었다. 당시 교회는 서양식이 아니라 유교식이었다.

내(허응숙 목사)가 어릴 때 보니 기도할 때 기도문을 써서 제문

중화동교회에서 1930년대에 운영하던 일신학교

읽듯 낭송했는데, 한 번은 나의 조부 되시는 어른께서 기도를 맡았다. 그때가 마침 무더운 여름철인지라 창문을 열어 놓고 예배를 드리는 도중, 그만 바람이 불어와 읽고 있던 기도문서가 날아가 버렸다. 조부께서는 "기도문이 날아갔다. 가서 주워 오너라" 하시자, 갓 결혼한 내 아내가 얼른 주워다가 드렸더니 다시 축문 외우듯 낭독했다.

우스운 이야기 같으나 당시 교회의 한 모습을 보여주는 은혜롭고도 재미있는 이야기다. 유교만 알고 살았던 조선시대 지식인들에게는 기독교 예배도 유교 제사의 연속이었던 것이다.

전도인들의 전도는 많은 열매를 맺어 중화동교회에서 사곳교회와 진촌교회가 처음 갈라져 나가고, 연지교회, 가을리교회, 화동교회, 북포리중앙교회, 장촌교회들이 잇달아 세워졌다. 이 8개처 교회는 모두 대한예수교 장로회(합동 측)에 소속되어 신실하게 발전하고 있다.

처음 교회가 선 중화동은 아직까지도 술집이 없고, 불신 가정이 없는 기독교 이상촌이다. 마을 주민 모두가 중화동교회 교인이다. 백령도 교회 개척자인 허득 옹은 처음부터 세상 떠날 때까지 평교인으로 교회를 세우고 가르치면서 봉사했다. 교회에서 처음 영수직을 받은 이는 그의 아들 허윤(許倫) 씨다. 그리고 처음으로 목사가 된 분은 허득의 장손 허간 목사이다.

허간 목사는 모교회에서 집사를 거쳐 조사(전도사)로 목회를 시작해 황해노회에서 목사 안수를 받았으며, 남북이 분단된 뒤에 다시 고향으로 돌아와 중화동교회에서 세상을 떠날 때까지 목회하였다. 중화동교회 출신 가운데 두 번째로 목사 안수를 받은 분이 삼일독립운동에 앞장섰다가 3년 옥고 끝에 신학교 입학시기가 늦어져, 50세에 이르러서야 목사 안수를 받은 허응숙 목사인데, 허간 목사와는 사촌 간이다.

김성진은 백령도에서 9년 동안 유배 생활을 하며 중화동교회를 세워 신앙생활을 하다가 유배 생활에서 풀려 서울로 돌아갔다. 『고종실록』 43년(1906) 1월 18일 자 기사에 그 사실이 실려 있다.

　　각 도에 유배된 죄인 (줄임) 황학성·김성진·정근협을 모두 놓아 주라고 지시하였다.

김성진은 외딴 섬 백령도에 9년 동안 유배되었지만, 좌절하지 않고 오히려 선교의 사명을 감당해 수많은 심령을 주께 인도하였다.*

*── 김성진(1851~1910)은 울산 김씨 33세로, 유성에 대대로 살던 백화옹공파 사람이다. 김성환과 전

이후 백령도에 세워진 성경학교는 농한기를 이용하여 교회 지도자를 양성하면서 많은 인재를 키워냈다.


### 3) 서경조 조사의 전도

백령도 교회의 모교회인 중화동교회 창립(1897년) 공로자인 김성진 진사와 백령도 유지 허득 공은 그야말로 "지도하는 사람이 없으니 어찌 깨달을 수 있느뇨?"(행 8:31)라고 말할 상황이었다.

에티오피아 내시가 예루살렘에 예배하러 왔다가 돌아가며 병거 타고 성경을 읽을 때 전도자 빌립이 "읽은 것(이사야 53:7-8)을 깨닫느냐?"고 질문하자, 내시가 그렇게 대답하였다. "지도하며 가르치는 이가 없으니 진리를 어찌 깨달으리오?"

김성진과 허득의 마음이 아마 이와 같았을 것이다. 선교사나 전도자들의 전도를 받고 믿게 된 것이 아니라 김성진이 자신의 의지와 관계없이 휴대해 온 성경을 읽으면서 두 사람이 진리를 탐구하는 중이었으니, 선도하는 스승이나 전도자가 있었으면 얼마나 좋았겠는가? 그래서 도민 가운데 유지 김달삼을 송천에 보내어 서경조를 청하여 오도록 하였다.

서경조는 본래 평북 의주 사람으로 청년 시절에 형 서상윤과 함께 청운의 뜻을 품고 만주에 가서 장사하던 중 영국 선교사 로스와 맥킨

---

주이씨의 장남으로, 자는 성흠(聖欽), 호는 금암(錦岩)이다. 1897년에 간신의 무리를 제거하라는 상소를 올렸다가 백령도에 유배되었으며, 1906년에 풀려났다. 경술국치를 당하자 음식을 끊고 약도 먹지 않으며 절의를 지키다가 순절하였다. 배우자는 은진 송씨 희규의 딸이다. 아들 시중, 예중과 딸 하나가 있다. 대전시 유성구 어은동에 묘소가 있다.

타이어를 만나 그들에게서 기독교 복음을 듣고, 또 그들을 도와 성경을 한글로 번역해서 인쇄해 가지고 귀국했다. 그러나 고향에서 전도하려고 하자 관가에서 "외국에 가서 이상한 종교를 받아 가지고 귀국했다"고 체포령이 내려, 황해도로 피신해왔다. 장연군 대구면 송천동에 정착하여 동민들에게 전도함으로써 광산 김씨 유지들이 먼저 믿어 교회가 활기 있게 성장하였다.

서경조는 정식 목회자는 아니었지만, 그 당시 기독교 최고지도자였으니, 이렇게 훌륭한 선생을 모시게 된 것이 다행한 일이었다. (서경조는 1900년에 장로가 되었으며, 신학교를 마치고 1907년에 목사가 되어 한국 교회를 개척한 위대한 전도자였다.)

순진한 백령도 주민들은 서경조를 통하여 성경의 진리를 어느 정도 터득했으리라. 이들은 신앙생활을 한다고 하면서도 우상숭배가 죄 되는 줄도 모르고 지냈는데, 서 씨를 통하여 성경을 배우는 동시에 우상숭배가 죄 됨을 알고 지금까지의 미신행위, 특히 우상숭배를 모조리 배격하고 정상적인 신앙의 궤도에 올랐다. 섬사람들은 주로 바다 위에서 고기잡이를 하느라고 미신이나 우상과 가까이 지냈는데, 이때 올바른 신앙을 받아들임으로써 미신과 우상으로부터 멀어지게 된 것이다.

대개 교회가 설립되는 절차는 전도자가 찾아와 복음을 전하고 성경을 가르치는 데서 시작됨이 정상인데, 백령도의 경우는 전도자도 없이 주민들 스스로 성경(쪽 복음) 한 권 놓고 진리를 연구해 가면서 신앙생활을 했으니 매우 아름답고 순진한 신앙이라고 하겠다. 우리나라에 천주교가 처음 들어올 때에 외국인 선교사도 없는 상황에서 이미 교인들 스스로 성경을 읽고 연구한 뒤에, 외국에 가서 세례받고 선교사를 불러들였던 것과 같은 절차였다.

## 교회당 처마에 걸려있던 담뱃대

중화동교회 초창기에는 교인들이 담배를 피우면서 교회에 나왔다. 그 당시 중화동마을 집집마다 일 년 동안 피울 담배를 재배하여 잎담배를 줄로 엮어서 건조시켜 그 잎담배를 칼로 잘게 썰어서 쌈지(담배를 넣어가지고 다니는 주머니)에 넣어 가지고 다니면서 담뱃대를 이용하여 피웠다. 그러기에 교인들이 교회에 나올 때에도 담뱃대와 쌈지를 그대로 가지고 나왔던 것이다.

교회에 온 교인들은 일단 교회 앞뜰에서 담배를 피우고, 교회에 들어갈 때에는 가지고 온 담뱃대를 처마 밑에 나란히 꽂아놓고 교회에 들어가서 예배를 드렸다. 예배를 마치고는 다시 나와서 처마 밑에 꽂혀있는 자기들의 담뱃대를 찾느라 한참 동안은 혼란을 일으켰다. 그리고는 저마다 자기의 담뱃대를 찾아가지고는 담배를 피우면서 집으로 돌아갔다.

예배시간 동안 담배를 피우지 못한 교인들이 예배를 마치고 나오자 수십 명이 한꺼번에 담배를 피우며 돌아갔기 때문에, 예배를 마치고 돌아가는 교인들의 행렬에는 담배연기가 자욱했다.

– 『백령도 중화동교회 백년사』 94~95쪽

## 교회 설립 후 첫 시험 ; 당제사를 폐지하자 5명 익사

중화동 마을에서 9월 9일 당제사를 드리기 위해 술(막걸리)을 담궈놓고 또 소(牛)까지 사놓고 있었던 때에 교회가 설립되었으니, 당제사를 드리기 위해 준비된 술과 소가 문제였다. 그리하여 서경조 장로와 동네 사람들이 의논하여 준비된 소는 서경조 장로가 사 가고, 술은 걸러서 마지막으로 동네 사람들이 모여 마시고, 당제사는 폐하기로 의논하고, 그해에는 당제사를 드리지 않은 것이다. 그러나 문제가 생겼다.

옛날에는 면화로 실을 빼어 무명을 짜서 옷감으로 사용했다. 이곳은 면화가 없어서 면화를 구매해 오기 위해서 1897년 8월에 김경문 씨의 선편으로 남자 3명, 여자 2명 모두 5명이 출발했다. 그들은 평남 삼화군 진남포 근방에서 면화를 구매하여 돌아오던 중, 9월 11일 진강포 앞바다에서 풍랑을 만나 배는 파선되고 5명 모두 익사한 것이다. 9월이 다 가도록 돌아오지 않는 그들을 애타게 기다리고 있는 가족들에게 청천벽력과 같은 소식이 전해졌다. 이 소식을 알리기 위해 진강포에서 직접 사람이 왔던 것이다.

이 소식을 들은 유가족은 물론 온 동네에 큰 소란이 일어났다. 배를 부리는 섬사람들은 반드시 바다신(神)을 섬겨야 하는데 신을 배신하고 당제사도 드리지 않았으니 신이 노하여 이러한 변을 당하게 되었다는 것이다. 이리하여 그들은 택일을 정하여 당제사를 드리는 한편, 교회도 떠났다. 그리하여 남은 교인 가족들은 허득, 허근(허간 목사의 아버지), 최영우, 김홍보, 허권(허응숙 목사의 아버지), 이상 다섯 가정만 남게 되었으니, 이것이 중화동교회 설립 후 당한 첫 시험으로 교회는 크게 약하여지게 된 것이다.

– 『백령도 중화동교회 백년사』 57쪽

## 4) 언더우드 부부의 방문과 성례식

언더우드 부부는 신혼여행을 선교여행 삼아 갔을 정도로 북방 선교에 열심이었는데, 1900년에 부부가 백령도 중화동교회에 방문하여 성경을 가르치고 세례를 베풀었다. 이에 대해 언더우드 부인이 자세하게 기록한 기행문을 소개한다.

### 언더우드 부인의 백령도 선교 여행기

한국의 첫 번째 장로교 선교사로 부임한 언더우드의 부인이 그 남편을 수행하여 서북지방을 시찰할 때, 1900년 10월 초에 백령도까지 따라갔다. 할아버지가 12세 때의 일인데, 언더우드 부부가 성경을 가르쳤던 곳이 바로 초가집으로 세웠던 첫 번째 중화동교회이다. 언더우드 부인이 기록한 기행문이 백령도 교회 소개의 핵심이 되겠기에 여기에 첨부한다. 언더우드 부인이 집필한 책 이름은 '*Fifteen Years among the Top-Knots of Life in Korea*'이다. 우리말로 번역한다면, 『상투 튼 사람들과 더불어 15년』이라는 뜻인데, 우리나라에서는 『상투의 나라』라는 제목으로 집문당에서 출판되었다.

– 손자 경진

우리는 소래(송천)를 떠나 백령도라는 어떤 섬을 방문하기로 했다. 백령도에는 조선 사람들의 가르침을 받은 신자들이 많이 있었다. 그 사연인즉 귀를 기울일 만하다. 이 섬에 귀양을 오게 된 어떤 사람(김성진)은 그가 떠나오기 바로 전에 감리교 신자인 그의 조카에게서 기독교 서적(성경) 한 권을 받았다고 한다. 젊은 조카는 그의 아저씨에게 이 종교는 모든 시민의 자유와 광명의 기초가 된다고 말했다.

그리하여 유배당한 그 사람은 고독할 때 이 책을 읽었으며, 그 섬에 있는 주민들에게 그 교리를 가르치며 책자를 만들어 내기도 했다. 그는 해안 저쪽 반대편 소래에 그 책자와 교리를 더 잘 알 수 있는 사람이 살고 있다는 소식을 듣고, 그 마을에서 가장 연장 자이자 가장 존경받는 한 사람을 소래로 가게 해서 서 장로(서경조)에게 섬에 들어와 그들을 가르쳐 달라고 청하게 했다.

그들은 한탄스러울 정도로 무지했으며, 예수를 믿는 동안에도 미신 숭배를 계속하고 있었다. 그들은 부분적으로 어떤 수단에만 의지하는 장님들 같았으며, 인간을 걸어다니는 나무처럼 생각했다. 서 씨는 그때 즉시 갈 수가 없었으나, 얼마 후 그들을 방문했을 때 그는 마을 전체가 온통 귀신을 섬기는 일에 몰두해 있다는 사실을 알았다. 서 씨는 섬 주민들에게 아주 열심히, 성실하게 성경을 설명했으며, 주민들은 그들의 우상 숭배를 즉시 그만두고 하나가 되어 오직 한 분이신 참 하나님을 위해 봉사하기로 약속했다.

그러나 서 씨는 오래 머무를 수가 없었다. 그리고 몇 달 후 성실한 자원 전도사인 김씨 부인이 그곳을 방문했을 때, 그는 그들 중 많은 사람들이 거의 완전하게 오랜 습관과 미신으로 되돌아가 완전히 거기에 빠져 있는 것을 알게 되었다. 처음에는 어느 누구도 그를 집 안에 맞아들이려고 하지 않았다. 그러나 그는 집 밖에 나와 있는 아낙네들에게 매우 다정하고 열성적으로 설득했다. 그러자 마침내 그를 안으로 불러들였으며, 이야기를 듣고자 주위에 몰려들었다. 그의 가르침을 통해 획기적인 변화가 이루어졌다.

우리는 작은 조선 배를 타고 여행을 했다. 그 배는 너무나 작아 나쁜 날씨에는 불안스러울 정도의 것이었지만 우리가 출발했을 때와 같이 높푸른 하늘과 반짝이는 푸른 물, 바다 위에 보석처럼 점점이 박혀 있는 매혹적인 섬들과 더불어 쾌청한 날씨여서 앞길에 전혀 방해를 받지 않았다.

백령도는 해안이 약 20마일쯤 되고, 섬의 길이는 9마일쯤 되며, 큰 마을 하나와 몇 개의 작은 마을이 있는 섬이었다. 그 섬은 너무나도 아름다웠고, 비옥했으며, 해안선을 따라 그림 같은 가파른 절벽으로 요새화되어 있었으며 절벽 뒤에는 아름다운 계곡과 부드럽게 기복이 진 평야가 아늑하게 드리워 있었다. 주민들은 모두 농사를 지으며, 가장 단순하고 원시적인 방법으로 살아가고 있었다.

돈은 거의 볼 수가 없었는데, 사실상 그곳에는 가게나 시장이 없었기 때문에 돈이 필요하지 않았다. 그들은 부족한 것이 거의 없었다. 그들은 먹을 것, 의복, 작은 농가에 켤 불과 땔감을 스스로 생산하고, 자신의 노동력으로 생산해 낼 수 없는 단순한 물품들은 그들 상호 간에 물품교환을 하고 있었다.

주민들은 충분한 쌀과 땔감을 가지고 있어 모두 충분히 만족하고 있는 듯이 보였다. 음주나 거짓 같은 것들은 거의 보이지 않았다. 그곳 관리의 말에 따르면 주민들은 아주 사소한 처벌조차도 거의 필요치 않다고 한다. 우리가 보아도 그들은 매우 유순하고 친절하며 단순하고 정직한 농부와 어부 가족들이었다.

우리는 언덕 위에 세워진 작은 교회(중화동교회)를 방문했다. 그곳에는 몇 명의 신도들이 세례를 위한 시험과 세례식을 기다리고 있었다. 그들은 아주 무지했지만, 무척이나 가르침 받기를 열망하고 있었다. 소래에서 나와 함께 있던 김씨 부인과 나는 그 여인들을 가르치느라고 매우 바쁘게 지냈다. 조선의 여느 여인들과 마찬가지로 그들은 특히 찬송가를 즐겨 불렀으며, 찬송가를 무척 배우고 싶어 했다. 가사는 비교적 배우기가 쉬웠지만 곡조는 그렇지 않았다. 우리는 그들이 찬송가를 배움에 따라서 우선 신성한 진리를 알게 되며, 그것을 다른 사람에게 공표할 수 있다는 점에서 찬송가를 배우는 데 좋은 점이 있다고 생각했다.

우리는 조류를 따라가기 위해서 다음 날 아침 일찍 떠나야 했기에, 전날 밤 그 작은 교회에서 작별예배를 가졌다. 예배가 끝나고 인사말을 한 후 나는 짐을 싸기 위해 작은 방으로 갔다. 언더우드 씨는 어느 기독교인 가정을 방문해서 지도자들과 상담하고 마지막 조언을 했다. 약 10시쯤에 김씨 부인이 한 여인을 데리고 내 방으로 와서 아주 겸손하게도 나에게 "늦은 시각이긴 하지만 한 가정을 방문해서 마지막으로 조금 더 가르쳐 주지 않겠느냐"고 하면서 가련하게 말했다. "우리는 너무나도 무지하지만 우리를 가르치고 인도해 줄 사람이 없습니다." 물론 나는 흔쾌히 그들을 따라갔으며, 그들은 나를 한 농부의 오두막집으로 안내했다.

그 집은 그 동네에서도 가장 가난하고도 가장 초라한 집이었으며 방 한쪽 구석에는 일꾼이 누워 잠들어 있었고, 다른 한쪽에는 방에서 유일한 빛인 등잔불이 받침접시 안에서 희미하고 가느다랗게 타고 있었다.

우리가 등잔 밑에 앉자 가난하고 고된 일을 하는 여인들이 우리 둘레 가까이 다가앉았다. 그들의 얼굴과 손은 온통 걱정과 고통, 험난한 생활과 기쁨이 없는 삶을 나타내주는 표지였다. 그러나 그들은 자신들을 변화시키는 영광스런 희망으로 기뻐했으며, 이런 믿음은 지식을 알고자 하는 많은 조선의 여인들이 가지고 있는 나무 같은 딱딱하고 완고한 모습을 내던졌다.

우리가 주님과 그의 가르침을 이야기하고 찬송가를 되풀이하고 있었을 때, 문밖에서 기침 소리가 들렸다. 거기에는 여러 명의 '남자 형제들'이 춥고 얼어붙을 듯한 11월의 찬 공기 속에 서서 우리의 이야기를 듣고 있었다. 일반적인 조선의 관습과 편견에도 불구하고 어느 여인이 그들에게 들어오라고 청했다. 나도 물론 남자들을 가르쳐 보지 않았을 뿐만 아니라, 가능하면 남자들 눈에 띄지 않도록 해 왔다. 그러나 이 경우에는 달리 방법이 없었으므로, 그들은 들어와서 합류할 수밖에 없었다. 열심히 듣는 검은 얼굴들, 진지하게 귀를 기울이고 있는 모든 사람들, 신성한 진리를 더 많이 알고자 열망하고 의에 목마르고 굶주린 사람들의 모습은 내가 결코 잊을 수 없는 광경 중의 하나였다. 그리고 작고 어둡고 초라한 방, 모두들 비추며 타오르는 단 하나의 등잔불, 그 등잔불처럼 보잘것없고 연약한 것이 바로 나였으며 나에게는 그 모든 것이 신의 빛으로 보였다. '내 양을 먹이라' 이것이 그분의 마지막 명령이었지만, 아직도 많은 사람들이 오두막과 작은 마을에서 보잘것없고 배고픈 작은 양들이 굶주리고 있었다.

다음 날 아침 이른 첫 새벽 무렵에 그들이 다시 찾아왔다. 그들은 눈물을 흘리며 나에게 곧 다시 와줄 것을 간청했다. "우리는 너무나도 무지하고 너무나도 연약합니다. 어떻게 사탄의 유혹에서 벗어날 수 있을까요? 여기서는 우리를 가르치고 인도할 사람이 아무도 없습니다."라고 외쳤다.

돌아오는 길의 여행은 첫 항해와는 아주 달랐다. 매서운 바람과 비가 몰아쳤으며 작은 배는 파고 위에서 장난감처럼 흔들렸다. 김씨 부인과 나는 비에 흠뻑 젖었을 뿐만 아니라 심하게 아팠다. 우리 배는 항구에 닿을 수가 없어서 가장 가까운 해안에 내렸다. 그러나 그곳에는 비바람을 피할 수 있는 장소가 전혀 없었으며, 조류마저 썰물이 되어 우리의 배는 무자비하게도 바위와 돌덩이에 부딪쳤으며 닻을 내릴 수가 없어 배 위에서 몇 시간을 보냈다.

그렇지만 모든 것은 언젠가는 결말이 나기 마련이었다. 우리는 마침내 무사히 착륙하게 되었고, 곧 몸을 말리고 가까이 있는 어촌에서 음식을 먹으면서 몸을 따뜻하게 했다. 소래에는 그 다음날 도착했다.

릴리어스 호톤 언더우드

황해도를 전도 여행하던
언더우드 부부

언더우드 부인이 이들을 무지하다고 말한 것은 하나님의 말씀을 체계적으로 듣고 배운 적이 없기 때문에 당연한 말이다. 그러나 이들은 무지한 데서 그치지 않고, 무지한 데서 벗어나기 위해 말씀 듣기를 간절히 원했다. 선교사가 찾아오기 전부터 평신도를 중심으로 교회를 세우고 예배를 드렸을 뿐만 아니라, 더 듣고 배우기를 간절히 원했다.

추운 겨울날 방문 밖에 서서 말씀을 조금이라도 더 들으려고 애썼던 남자들, 그리고 내외가 엄격하던 그 시절에 남녀가 함께 앉아서라도 말씀을 함께 듣자고 남신도들을 불러들였던 여신도들의 모습을 보면, 중화동교회 교인들이 시대를 앞서가며 얼마나 순수하게 말씀을 사모했는지 알 수 있다. 그러한 열성에 언더우드 부인도 감동하고, 한 시간이라도 더 가르치려고 애썼던 것이다.

허득 공이 세상을 떠나면서
"예수 잘 믿어라" 유언하였다.

말씀을 간절히 사모하던 중화동교회의 모습은 고린도교회에 못지않다. 그 가운데 12세 된 허 목사와 그의 부모, 조부모가 함께 있었다. 중화동교회 역사에는 이날(1900년 11월 8일, 목요일) 허 목사의 아버지인 허권(許權) 등 7명이 언더우드 선교사에게 세례를 받았는데, 한꺼번에 7명이나 세례를 받은 일은 육지에서도 드물었다. 주로 허씨 문중의 어른들이었다.

# 4.
## 중화동교회 교인들과
## 조선 총독 데라우치의 토지 소송

### 1) 조선 총독을 상대로 소송한 백령도 토지 민원화 투쟁의 승리

백령도는 세종 16년(1434)에 사람이 들어와서 토지를 개간하며 자기 소유 토지에서 농사지어 먹고 살아왔으나, 중국과 국경지대라 정부에서 수군(水軍) 요지로 정하고, 수군 상비병 90명과 도민 가운데 남자 청년들을 수군으로 있게 하였다. 목장을 설치하여 군마(軍馬)도 100여 필이나 길러서, 많은 부분은 역둔토(驛屯土), 즉 국유화 토지였다. 지세(地稅)와 소작료를 납부하며 사용했던 것이다.

그러나 개인 소유로 인정했기에 토지를 자유로 사고팔며 살았는데, 일본이 합병한 후에는 조선총독부가 설립한 동양척식회사에서 자유 매매를 엄금하였다. 1910년 10월부터 소작증을 각자에게 배부하더니, 지금까지 내던 지세와 소작료 합한 것의 6배 이상을 납입하게 하였다. 도민들은 조국이 일본에 합병된 것만으로도 분개하던 중이라, 민심이 폭발하여 겨울부터 백령도 땅 전부를 민유지로 찾으려는 움직임이 일어났다. 유지들이 모여서 각 방면으로 활동하며 준비하였다.

이 막중한 대사를 25세 청년 허간이 담당하였다. 전 도민이 "중화동교회의 허간(許侃)이 아니면 할 만한 분이 없다"고 강권하였으니, 도민 총의의 부탁이었다. 허간 목사 자신도 의분에 떨쳐 일어나, "이 일은 개인의 유익이 목적이 아니라 백령도 전 도민의 사활이 걸린 문제인 만큼 내가 책임지겠다"고 헌신하였다. 중화동교회가 사회문제에 나선 것이다.

국유지가 된 도내(島內)의 모든 토지를 민유지(民有地)로 전환하려면, 일본인 조선 총독 데라우치(寺內正毅)를 고발하여 재판에서 이겨야만 했다. 허간 목사가 1911년 3월에 정식으로 전 도민들을 집합시켰다. "백령도 토지를 민유(民有)로 돌려달라"는 청원 이유를 설명하자, 도민들이 전부 "가(可)하다"고 승낙하였다.

허간 목사에게 고발당한
데라우치 총독

"허간 목사를 이 소송의 대표자로 위임하며, 재판 비용은 각 토지 소유자가 책임진다"는 계약서에 도민 500여 명이 서명 날인해서 백석에게 맡겼다. 허간 목사는 당시 "백령도(白翎島)의 (모퉁이)돌"이라는 뜻으로 '백석(白石)'이라는 호를 사용하고 있었다.(백석, 흰돌은 요한계시록 2장 17절에서 유래한 호이기도 하다.)

허간 목사는 그해 4월 초에 우선 장연 군수에 진정서를 제출한 뒤에, 황해도 지사와 조선 총독 데라우치에게까지 진정서를 제출하며 활동을 개시하였다. 국권과 함께 상실된 백령도의 땅을 원래 상태의 민유지로 돌이키기까지 2~3년이면 되리라고 예상하였다.

그러나 재판이 뜻대로 되지 않아, 5년이 넘게 흘렀다. 백석은 그 사건에 몰두하여 가사도 돌볼 수가 없었다. 장연읍과 황해도청 소재지, 그리고 경성(京城)까지 수십차 왕래했는데, 유력한 지사들이 5~6명, 어떨 때에는 10여 명씩 동행하여 왕래하기도 했지만, 혼자 다닐 때가 더 많았다.

진정서나 탄원서(歎願書), 자술서(自述書) 등을 관계 관청에 제출한 것이 무려 28차이며, 직접 총독(總督)이나 도지사(道知事) 및 도청(道廳) 직원에게 찾아가서 면담을 신청하여 담판한 때도 많았다. 이렇게 노심초사로 도민을 위하여 희생적으로 활동한 결과, 1915년 10월에 조선 제2대 총독 하세가와(長谷川好道)의 명의로 명령장이 내려왔다.

할 수 없이 백령도 땅을 도민들에게 돌려준 하세가와 총독

"백령도 토지에 대하여 신(新) 목장지역(牧場地域)과 구(舊) 관사지대(官舍地帶) 외에는 전부 도민 총대표 허간의 진정서와 탄원서에 의하여 민유지(民有地)로 허락하며, 각 자작인(自作人)이 소지한 대로 소유지(所有地)로 등기(登記)하라."

허간을 비롯한 백령도 주민들은 기쁨으로 이 서류를 받았다. 이 사건에 5년이 걸렸고, 비용도 그 당시 돈으로 7,000여 원을 허비하였다. 민유지로 바뀐 토지는 논과 밭 합하여 14,000여 마지기이다.(밭은 1마지기에 400평, 논은 120평.) 이 넓은 토지를 도민 각자에게 분배하였다.

이 일은 허간 목사의 미쳤다 싶은 집념과 향토(백령도)를 극진히

백령도 목장 지도

사랑하는 마음이 도민을 움직였고, 관계 당국자들의 생각을 흔들어 놓아 결론이 났지만, 한 걸음 나아가 백령도민을 긍휼히 보신 하나님께서 종을 시켜 이런 대사를 이루셨다. 국유화된 토지를 도민들에게 돌려주면서, 미신 때문에 교회를 떠났던 도민들이 하나님의 역사를 보고 다시 중화동교회로 돌아왔다.

### 조선시대 백령도 목장

조선시대 장연에는 백령도 한 곳에 목장이 있었고, 가까운 섬 초도에는 풍천 소속의 목장이 있었는데, 백령도 목장이 이 지역에서 가장 컸다. 전국의 목장을 관리하던 사복시(司僕寺)에서 제작한 『목장지도』에 백령도 목장 그림과 설명이 있다.

장연부 목장 한 곳. 백령도 : 동서 30리. 남북 10리. 둘레 100리. 말(암수 합하여) 46필. 소(암수 합하여) 194마리. 목자(牧子) 78명.

– 손자 경진

## 2) 총독을 상대로 투쟁하여 승리했던 백석 허간 목사

허간 목사의 호는 백석(白石)인데, '백령도의 돌 하나'라는 뜻이다. (이 약사는 중화동교회 전홍선 장로가 정리해 준 자료에 근거하여 썼다.)

백석은 1885년 9월 1일 황해도 장연군 백령면 연화리 중화동의 양천 허씨 가문에서 허근(許根)과 이근신(李根信) 여사 사이에 장남으로 출생했다. 허근은 백령도에서 좌수(座首)와 풍헌(風憲)으로 봉직하며, 행정과 신앙 양면에서 백령도민들의 존경을 받는 인물이었다. 그가 부친 허득과 함께 중화동교회를 세웠으므로, 중화동 주민만 아니라 백령도민 전체가 기독교에 쉽게 들어왔다. 허간 목사는 허득의 장손이자, 백령도 허씨의 종손이다.

1891년에 동네 서당에서 한문을 배우기 시작하여 겨울 석 달, 혹은 이듬해 정월까지 배우기를 1898년까지 하다가, 예수를 믿으면서 "구학문은 쓸데없다"고 하여 한학(漢學) 배우기를 그만두었다. 12세 되던 1896년 1월 29일에 본면 남포리 장촌동 인동 장씨 문중의 장성복 씨 삼녀 은애(思愛) 양과 결혼하였다.

13세 되던 1897년 8월부터 예수를 믿기로 결심하고, 1900년 9월에 장로교 선교사로 조선에 처음 입국한 언더우드 선교사에게 백령도에서 제1차로 학습 및 세례문답을 하고 세례를 받았다.

1903년 중화동교회에 초대 집사로 피임되어 봉사했다.

1906년 9월에 장연군 대구면 송천리 소래교회에서 처음 시작하는 사립 해서제일학교 고등과에 입학하여 1907년 3월 말에 졸업했다.

1907년 8월에 장연 군수 이인규 씨로부터 백령도 중화동에 해서제일백령학교 인가를 얻었다. 본동 예배당을 교실로 이용하고, 백석이 교원(教員)으로 수업하였다. 1909년 6월까지 중화동에서 가르쳤고, 해서제일백령학교 교장을 겸임하였다. 백령도에 신학문 공부가 시작됨으로써 학생이 40여 명이 되었다. 20세 이상 학생이 많았다.

1915년 11월부터 황해노회의 명을 받아 백령도 중화동교회와 사곳교회에서 전도사 시무를 시작했다. 1916년 3월에 예수교장로회 평양신학교에 입학하였다.

1917년 11월에 "신학 공부를 위해서 백령도 두 교회를 사면하라"고 황해노회에서 결정하자, 시무하던 두 곳 교인들이 "사면은 절대 불가하다"고 항의하였다. 그러나 황해노회 해서시찰부에서 허간을 장연군 태탄, 무산, 금동, 사동, 조당 등 5개처 교회 전도사로 임명하자, 결국은 백령도 시무를 사면하였다. 장연군에 독신으로 부임하여 태탄교회 오내호 영수(領袖) 댁에서 하숙하면서, 다섯 교회를 순회 시무하였다. 태탄교회는 2년 전에 교인 몇이 안식교(安息敎)로 분립해 나가면서 소란이 많았으므로, 시무하기 어려운 교회였다.

1919년 3월 1일 만세시위운동으로 체포당할 위험이 닥치자 사방으로 피신하다가, 6월 28일에 부친이 별세했다는 부고를 받고 백령도로 돌아왔다. 순사(巡査)들의 감시가 심했지만, 친구 유의원이 백령면 주재소 순사로 있으면서 도와주어, 그의 묵인과 후원으로 부친 장례를 치렀다.

1919년 10월에 전 가족이 태탄으로 이사하였다. 당시 가족은 모친, 아내, 장녀 신복(18세), 장남 태원(14세), 질녀 성애(13세), 2녀 신애(9세), 3녀 신영(6세), 2남 태운(3세), 본인까지 모두 9명이었다. 이 해에 태탄교회가 크게 부흥하여 교인이 증가하면서 교회당이 비좁아져, 집회가 곤란할 형편이 되었다. 1920년 3월부터 태탄교회 예배당을 기와집 20칸으로 증축하였다.

1921년 2월에 평양신학교에서 수업을 받다가, '삼일만세운동에 참여한 죄'로 형사에게 체포되어 끌려나갔다. 평양경찰서부터 심한 고문을 받았다. 장연경찰서까지 와서 각종 심문을 받으며 고생하다가, 해주재판소에서 징역 2년 반을 언도받았다. 집행유예 5년으로 가석방되어 며칠 뒤에 풀려났으나, 경관들의 감시를 견디지 못하여 태탄교회를 떠났다.

1921년 가을에 재령군 북율면 미생촌 교회로 독신 이거하여 시무하는 중, 겨울에 교회가 크게 부흥되어 300여 명 교인이 600여 명으로 늘어났다. 1922년 1월부터 목수 6명과 개축 공사를 시작하여 건평 70여 평의 기와집 교회를 준공하였다.

1923년 5월에 제24회 황해노회가 재령서부교회에 모였을 때 목사 장립을 받았다(당시 39세). 미생촌, 상거동, 강동촌 세 교회를 임시 목사로 시무하였다. 1925년 6월에 재령의 세 교회 시무를 사면하고 장연의 태탄, 이도교회 위임목사로 시무하였다.

1929년 10월에 평양신학교 연구과에 입학하여 2년 동안 수업하였다. 1932년에 이도교회와 중편교회는 사면하고 태탄교회만 목회하였다. 1933년에 태탄교회가 부흥되어 기와집 20여 칸 예배당이 좁아지자, 벽돌로 14칸을 증축하였다. 34칸 건평 72평이었다.

1938년 11월에 황해노회장으로 취임하였다. 일본이 중일전쟁(中日戰爭)을 일으키고 신사참배(神社參拜) 강요에 총회가 굴복하는 등, 어려운 1년을 보냈다. 1939년에 태탄교회를 사면하고, 대구면 구미포, 봉태, 송탄 교회 임시목사로 시무하였다.

1942년부터 한국 장로교 첫 번째 교회인 송천교회(소래교회) 당회장이 되었다. 동시에 대구면과 백령면 전 교회의 당회장이 되었다. 1945년 7월 2일 장연경찰서에 사상범으로 예비검속되어, 또다시 철창생활을 하였다.

1945년 8월 15일에 사법주임(司法主任)이 찾아와서 말하였다.

"그간 고생이 많았소. 문배에 있는 딸네 집에 가서 조반을 잡숫고, 본댁으로 돌아가시오."

이유를 알지 못하여 물었더니, "해주 본서에서 당신을 석방하라는 지시가 왔으나, 그 이유는 우리도 모르오" 하였다. 딸네 집에 갔더니, 부인도 와 있었다. 12시에 라디오 방송을 듣다가 "일본 왕이 항복 선언을 했다"고 하자, 그때에야 진상을 알았다. 10월에 소래교회로 살림을 옮기고 시무하였다.

북한지역에 공산정권이 수립되어 목회하기가 차츰 위험해지자, 1947년 6월에 서울에 사는 작은아들 태운에게 가려고 동지 4명과 함께 목동포에서 야간에 탈출하여 옹진군 용천면 제작포에 도착했다. 곧바로 서울에 올라와, 뜻이 같은 동지들이 규합하여 토마스 목사의 순교기념사업으로 전도대(傳道隊)를 조직하였다. 악기(樂器)와 취사도구를 가지고 옹진으로 떠났다. 옹진(甕津)은 황해도였지만 삼팔선 이남에 있었다.

1947년 8월 20일경 전도대가 옹진군 북면에 교회를 설립하고 백령면, 용천면, 서면, 옹진읍 연안 각지를 순회하며 전도하여 많은 교회를 설립하였다. 백령도 내 7개 교회에서 지방 책임목사로 청하여, 11월부터 시무하였다. 송천에 남아 있던 아내는 몰래 떠나려다가 발각되어 가산을 몰수당하고, 3.8선을 구사일생으로 넘어왔다. 11월 20일에 백령도에 들어와 상봉, 함께 살았다.

황해노회 지역이 거의 북한 수중에 들어갔으므로, 1948년 5월에 인천제2교회 이승길 목사 등 목사·장로 몇 사람과 뜻을 합하여 황남노회(黃南老會)를 조직하였다. 총회장을 역임한 이승길 목사는 인천지방을, 허간 목사는 옹진, 백령 양지방 교회를 통솔하였다.

1948년 11월에 황남노회성경학교를 설립하고, 여러 차례 교장으로 봉사하였다. 백령도 내 4개 교회 당회장으로 순행하며 돌보았다.

1950년 6월 25일 북한이 전쟁을 일으켰다. 6월 27일에 인민군이 백령도에 상륙하자, 미처 피신하지 못하고 공산군에게 체포되어 1개월간 고역을 치렀다. 구사일생으로 두문패(자유롭게 오가지 못하고 감금된 생활)를 하고 귀가하여 칩거 중, 9월에 국군이 대청도에 상륙했다는 말을 듣고 9월 20일 대청도로 피난 가서 생명을 보전했다.

1950년 10월 17일 국군이 백령도에 상륙하자, 백령도로 돌아와 치안 총책임을 맡고 시국수습대책위원회를 조직했다. 1·4후퇴 때에 이북의 수많은 목회자와 교인들이 백령도로 피난 오자, 그들을 돌봐 주었다. 1951년 2월 백령도에서 해군서해부대에 속한 선무대(宣撫隊) 대장으로 피임되어 일했다.

1953년 4월에 백령도 장촌동과 북포리 두 마을에 교회를 세우고, 1954년 3월에 소청도(小靑島)에 교회를 신설하였다. 이상 3개처 교회에 당회장으로 순찰 지도하였다.

1954년 11월에 성역 40주년(전도사 6년, 목사 34년) 기념식을 황남

양천 허씨 선영에 안장된 허간 목사 묘소. 왼쪽 다섯째 인물 허응숙 목사

노회 주최로 거행하였다. 1957년 1월 7일에 자육원(慈育院)이 재단법인(財團法人) 인가를 받았다.

1956년 9월 황남노회장에 피선되어 봉직하였으며, 이후 4차에 걸쳐 피선되었다. 중화동교회와 연화동교회 시무 중에 화동교회, 장촌교회, 중앙교회, 사곶교회 당회장을 겸임하였다.

1967년 6월부터 중화동교회 성전을 개축하고, 86세 되던 1970년 중화동교회 원로 목사로 추대되어, 현역에서 물러났다.

1972년 3월 3일에 향년 88세로 세상을 떠났다. 황남노회장으로 집행하였으며, 중화동교회 옆에 있는 양천 허씨 선영에 안장하였다.

새로 지은 중화동교회에서 치러진
허간 목사 장례

제2부

# 만성의 성장과 독립운동

# 1.
## 만성의 유·소년 시절

### 1) 백 년 전에 기독교식 이름을 지은 집안

중화동교회를 설립한 허득(許得, 1827~1901) 공은 김해 김씨와 결혼하여 4남 2녀를 낳았는데, 장남 허근(許根), 2남 허식(許植), 3남 허익(許翼), 4남 허권(許權)이다. 자손들이 모두 예수를 믿고, 수많은 목사와 장로가 나왔다.

허득의 손자 가운데 독립운동가가 많이 나왔다. 3남 허익(許翼)의 3남 허간룡(許侃龍)은 만주로 망명하여 독립운동에 힘쓰다가 8·15광복 뒤에 안재홍 선생과 협력하며 대한민국 입법의원(立法議員)으로 활동하였는데, 납북된 뒤에는 생사를 알 수 없다.

4남 허권(許權, 1864~1936)은 한학에 조예가 깊어, 백령도에서 서당 훈장으로 오랫동안 가르쳤다. 허 목사의 한학(漢學) 실력은 가학(家學)이라고도 할 수 있다. 허권은 아내 백권신(白權信)과의 사이에서 3남 2녀를 낳았는데, 장남은 만성(晚成) 허응숙, 2남은 백도(白島) 허성묵(許聖默, 1892~1941), 3남은 백원(白園) 허성민(許聖敏, 1906~1950), 장녀는 허대청(許大靑), 2녀는 허수신(許守信)이다. 아들 3형제가 모두 독립운동에 투신하여, 장남 허응숙은 건국훈장(建國勳

章) 애족장(愛族章), 2남 허성묵은 건국훈장 독립장(獨立章)을 받았다.

양천 허씨는 원래 이름을 외자로 짓는 게 특성이었는데, 백령도의 허씨들은 기독교를 받아들인 뒤에 관습을 타파하자고 하여 이름을 두 자로 지었다. 이들 3형제는 '사람 인(亻)' 자 항렬이어서 장남의 원래 이름은 숙(俶), 2남은 탁(倬), 3남은 걸(傑)이었는데, '거룩할 성(聖)' 자를 넣어서 성묵(聖默)과 성민(聖敏)으로 이름을 고쳤다.

'수신(守信)'이라는 딸의 이름도 글자 그대로 '믿음을 지키라'는 뜻이다. '권신(權信)'이라는 아내의 이름도 '하나님의 권세와 믿음'이라는 뜻이며, 맏며느리(만성의 아내) 최숙은(崔淑恩), 둘째 며느리 최은신(崔恩信), 셋째 며느리 여신화(呂信和)의 이름에도 모두 신앙적인 '은혜 은(恩)' 자와 '믿을 신(信)' 자들이 들어 있다. 허간 목사의 아내 이름도 은애(恩愛)였으니, 이 집안에서는 백 년 전에 이미 기독교인들끼리 결혼해 순수한 신앙을 지키면서 살았음을 알 수 있다. 여성의 한자 이름이 거의 없던 시절에 특이한 전통이다.

## 2) 서당에서 한문을 배우다

허 목사는 어려서부터 아버지 허권의 엄격한 지도 밑에서 한문 공부를 시작했다. 아버지가 바로 서당 훈장이었기 때문에 더욱 열심히 공부했고, 허권 훈장은 아들 응숙을 누구 못지않게 키웠다.

얼마 후에 백령도에 유배 온 김성진(金聲振) 진사(進士)가 복음을 전함으로 허득 공과 함께 백령도 교회를 창립했으며, 과거시험에 합격했던 서울 지식인이 서당(書堂) 훈장(訓長)도 아울러 맡았다.

허 목사가 가계(家系) 족보(族譜)를 기록한 것이나, 목회하는 어간에 지은 한시(漢詩)를 보거나, 또 설교하면서 한시를 종종 응용한 실력을 보면 얼마나 많은 한문책을 배웠는지 알 수 있다.

허 목사가 친필로 기록해 둔 자신의 이력을 살피면, 1896년(8세)부터 1904년(16세)까지 서당 공부를 착실하게 했고, 후에 장연 송천(소래)에 가서 해서제일학교에서 신학문을 공부했다(1905~1908). 그 후 성경학교와 신학교 시절에도 한편으로는 한문을 꾸준히 자습하였다.

그 당시 서당에서 공부하던 한문 교과서를 순서대로 소개하여, 요즘 한문을 등한시하는 청소년들에게 좋은 교훈이 되기를 바란다.

## 가) 천자문(千字文)

대여섯 살이 되면 서당에 가서 첫 번째 교과서로『천자문』을 배웠다. 1,000자의 한자(漢字)를 "천지현황(天地玄黃)"같이 4자 한 구절의 운문으로 엮었다. 읽을 때에는 "하늘 천, 따 지, 검을 현, 누를 황"이라고 훈과 음을 붙여서 읽었다. 그래서 중국 글자인『천자문』이 우리 조상들에게 중국어가 아니라 한국 글자와 말이 된 것이다.

## 나) 동몽선습(童蒙先習)

조선 중종(中宗) 때에 박세무가 지은 책이다. 오륜(五倫)의 중요한 뜻을 간결하게 풀어서 엮었다. 책 이름은 '아이들이 먼저 배워야 할 책'이라는 뜻이다. 교과서는 대부분 중국산인데,『동몽선습』만은 국산이다.

## 다) 소학(小學)

8세가 된 아이에게 가르친 수신서(修身書)이다. 주자(朱子)의 제자유자징(劉子澄)이 스승의 지시를 따라 편찬한 책으로, 일상생활의 자잘한 범절을 비롯하여, 인격 수양을 위한 격언, 충신 효자들의 사적 등을 소개했다.


### 3) 해서제일학교에서 신학문을 배우다

소래교회 맥켄지 선교사가 병으로 세상을 떠나면서 유산을 기증하여 해서제일학교를 세웠다. 허 목사가 백령도에서 성장하며 서당에서 한학을 어느 정도 배운 뒤에는, 앞으로 사회에 진출하려면 신학문을 배워야 한다는 사실을 깨달았다. 그래서 장연 소래교회에 와서 신앙 훈련을 받으며, 해서제일학교(海西第一學校)에 입학하여 공부했다. 허 목사가 다니던 시절의 해서제일학교를 간단히 소개한다.


#### 가) 해서제일학교의 설립 경위

1883년에 장연군 대구면 송천에 소래교회가 창립되자, 교인들의 신앙지도뿐 아니라 일반 사회지식도 가르침으로 인재 양성에 주력하기로 결심하고 학교를 개교했다. 설립자는 소래교회 설립자인 서경조 목사와 송천에 와서 선교하던 캐나다 맥켄지(W.J.Mckenzie) 선교사이다.

학교를 세웠더라도 교사(敎師) 초빙이 난제였는데, 소래교회는 그 당시 형편으로는 파격적인 예산을 세웠다. 1년에 쌀 10가마, 옷 한 벌씩을 사례비로 정했다.(그 당시 도시 학교의 교사들도 이런 대우가 없었다.) 여기에 걸맞은 교사를 발탁했는데, 서상봉(서상윤의 동생)과 이국보 선생이 청빙되었다.

해서제일학교는 글자 그대로 황해도의 첫 번째 신식 학교였는데, 1895년 2월 26일 개교하였다. 학생은 8명이고, 교실은 김윤방 씨 사랑방에서 시작했다. 처음에는 초등학교 수준으로 개교했으며, 대한제국(大韓帝國) 정부 교육령에 준한 학교로 인가를 받았다.

개교(開敎) 시에는 '소래학교'로 시작되었으나, 해서(海西, 황해도)에서 제일 먼저 개교되었고, 또 해서에서 제일가는 학교를 목표로 하였기에 '해서제일학교'로 불렸다. 초기 교육과목은 지리학과 한글공부였다. 겸하여 성경과 주기도를 가르쳤다.

### 나) 교사 건축으로 기초가 세워지다

소래교회 예배당을 신축하고 헌당식을 하려고 준비할 때, 1895년 6월 맥켄지 선교사가 급사했다. 서울에서 언더우드와 웰즈 선교사가 영국 공사의 위촉을 받고 소래로 와서 맥켄지의 유산과 유물을 정리하였다. 마침 맥켄지의 돈 3,000냥을 보관하고 있던 서경조가 평소 맥켄지의 원하고 기도하던 뜻을 따라 "그 돈으로 학교를 세우자"고 제의했고, 이에 언더우드 등이 영국 공사의 허락을 받아 학교 기금으로 사용하도록 결정하였다.

허 목사가 다니던 시절의
해서제일학교

서경조는 이 돈으로 논 27마지기, 채판 30명찰처(30명 들어갈 수 있는 공간)를 샀다. 그 밖에도 동중 소유 논 3두락과 채판 40명찰처 및 당오전(다섯 푼의 엽전)과 400냥을 기부받고, 교인들이 정성어린 헌금을 합하여 18칸의 큰 건물을 신축했다. 그 당시 벽촌에서 이런 대공사가 이루어졌다는 것은 하나님의 크신 축복일 뿐이다.

### 다) 해서제일학교 교가

불타산맥 내리다라 돌아 안즈며,
장산곶이 백호되어 포복한 곳에
수림 간에 웃둑 솟은 기묘한 집은
해서 제일 학교
후렴 : 제일 제일 해서 제일 / 제일 제일 해서 제일 /
　　　　제일 제일 해서 제일/ 제일학교 만만세
일천팔백구십오 년 창설하여서
지금까지 전진하여 나아 왔으니
그 안에서 솟아나는 생명 샘물이
사해에 넘치네

### 라) 해서제일학교에 헌신한 분들

운영은 교회가 책임지고, 교장은 초빙해 왔다. 교장이 공석일 경우에는 교회 장로가 맡고, 실무는 교직원들이 맡아 뒷바라지만 하는 원칙을 세워 시행했다. 헌신한 분들의 이름은 다음과 같다.

서상윤 : 학교 인가를 내고 초대 교장을 역임.

서경조 : 형을 계승하여 교회 일과 학교 일을 맡아 실무를 담당.

서병호 : 서경조의 아들. 본교 출신. 교장 역임. 새문안교회 장로.

김응순 : 본교 출신. 교장 역임. 목사가 되어 소래교회 시무.

김홍섭 : 다년간 봉직한 교사. 항일 용사. 반공 지도자.

이윤권 : 다년간 봉직한 교사. 법률에 밝아 동민 법률고문.

김구련 : 소래교회 장로. 다년간 교사. 교장 역임.

이진희 : 일제 탄압에 불굴한 교사. 교장 역임. 6·25 때 순교.

이영혁 : 초창기의 여교사. 항일사상과 민족정신이 투철함.


**마) 해서제일학교 출신 저명인사들**

김필순 : 김마리아의 숙부. 세브란스 의전 제1회 졸업. 의사.

홍종은 : 세브란스 의전 제1회 졸업. 의사.

서광호 : 세브란스 의전 제2회 졸업. 의사.

박헌식 : 세브란스 의전 제3회 졸업. 의사.

허  간 : 목사. 소래교회 시무. 중화동교회 23년 시무.

허응숙 : 목사. 한국 최장 목회자(70년간). 독립유공자.

허성묵 : 북간도 용정 동계중학 설립자. 신민부 교육위원장.
　　　　독립유공자.

김명선 : 세브란스 졸업. 세브란스 교수. 연세대학교 부총장.

조광현 : 세브란스 졸업. 연세대학교 교수. 세브란스 병원장.

최창수 : 세브란스 졸업. 연세대학교 교수. 안과 과장.

홍순각 : 세브란스 졸업. 연세대학교 교수. 안과 과장.

김경선 : 숭실전문 졸업. 만주에서 교수. 해군 대령 복무.

윤명숙 : 연희전문 졸업. 서울 시립대 교수. 강원대 교수 역임.

김필례 : 김마리아 고모. 정신여고 교장. 이사장 역임.

김함라 : 이화여전 졸업. 이화여자대학 교수. 남궁혁 박사 부인.

김순애 : 이화여전 졸업. 여성민족운동 선구자. 김규식 박사 부인.

홍은율 : 서울신학 졸업. 사회사업. 유아교육 공헌자.

김마리아 : 정신여고 졸업. 여자신학 교수. 애국부인회 창설.

　　　　　회장 역임.


　이 가운데 김필순과 김순애, 김필례의 어머니가 바로 언더우드 부부와 함께 1900년에 중화동교회를 방문한 소래교회 전도부인 김 부인이다. 김함라와 김마리아의 할머니이고, 김규식 박사의 장모이기도 하다. 이름은 안성은(安聖恩)인데, 김 씨의 아내였으므로 영어식으로 김 부인이라 불렀다. 김씨 부인이라고 쓴 책은 잘못된 것이다. 김 부인은 언더우드 부부의 2차 순회여행인 1896년 소래교회에서 세례를 받고, 소래교회와 중화동교회를 여러 차례 오가며 전도하였다.

– 손자 경진

# 2.
## 소래교회에서 신앙이 육성되다

### 1) 소래교회의 지리적 배경

소래(松川)는 황해도의 명산인 구월산 줄기를 이어받아 뻗어 내려온 불타산맥의 높고 낮은 봉우리가 허룡산에 이르러 병풍처럼 둘러쳐 앞으로는 넓은 평야와 시원하게 펼쳐진 황해 바다가 한눈에 들어오는 명당에 자리한 마을이다.

이 동네는 여러 작은 마을들이 모여 형성된 곳으로, 마을의 가장 깊은 곳은 '선바위 골'이다. 소래는 산맥의 기세가 한데 응어리진 듯한 기암괴석이 돌출하여 '선바위'를 이루어 놓은 바로 밑에 화전민들로 구성된 마을이다.

여기서부터 소래교회가 시작되었다. 이 마을 다음에 형성된 마을은 '구석몰'이다. 이곳에는 중앙정부의 높은 벼슬자리를 내어놓고 낙향하여 황해도 중에서도 가장 구석진 이 마을에 자리 잡고 살면서 마을 개척에 심혈을 기울인 광산 김씨가 사는 곳이다. 이 마을은 이름과는 달리 듬직한 기와집을 중심으로 하고 있으며, 이름은 구석몰이지만 송천의 심장부라고 할 수 있다. 구석몰 밑으로는 '밭뜸', '중뜸', '산막골' 등 작은 마을들이 옹기종기 모여 있다.

송천의 대동맥, 중심지는 '장거리'이다. 이곳은 상당히 넓게, 국도의 두 배가량 닦여진 신작로를 중심으로 좌우 양옆으로 가게와 집들이 있다. 관청이라고 할 수 있는 주재소, 우편소, 금융조합, 면사무소 등이 줄지어 있다.

신작로를 넘으면 야촌, 덕촌, 아랫소래 등의 마을이 자리 잡고 있는데, 그곳에 이곳 교회를 개척한 서상윤, 서경조 형제가 살던 집이 서남쪽에 있었다. 형 상윤의 집은 중앙에 큼직한 기와집이고, 아우 경조의 집은 마을 입구에 있는 초가집이었다.

소래의 명소는 '당골'이다. 아랫소래에서 나와 폭넓은 신작로를 건너, 구석몰 쪽으로 오솔길을 따라 올라가면 소래교회가 시작된 '당골'이 나온다. 이곳은 교회가 서기 전에는 아름드리 느티나무와 늙은 소나무들이 하늘을 덮어 낮에도 햇빛을 볼 수 없었던 곳으로, 대대로 무당들이 살면서 마을 공동제사를 비롯하여 당제와 온갖 제사를 지내던 곳이다. 이곳에서 다시 산속으로 올라가면 양지바른 잔디밭이 있고, 이곳에 살면서 한국말을 배우던 맥켄지 선교사의 무덤이 있다. 좀 더 산속으로 올라가면 한국 최초의 초가집 예배당이 세워졌던 곳이 나온다. 이곳은 후에 소래교회 교인들이 기도처로 사용했다고 한다.


## 2) 소래(송천)와 대구면이라는 이름

이 고장 이름은 본래 '솔샘(松泉)'이다. 불타산맥이 허리 부분에 속하는 소래의 뒷산에는 송림이 빽빽하게 들어차 있고, 소나무 우거진 사이사이에 옹기종기 초가집들이 모여 마을을 이루었다.

그중에도 광산 김씨의 선산에는 아름드리 소나무들이 하늘을 찌를 듯이 서 있어 이 마을 이름 첫 자를 소나무를 가리키는 '솔(松 송)'을 사용하는 것은 지극히 당연하다. 그리고 마을 곳곳에는 맑은 물이 넘쳐흐르는 샘들이 많다. 이 샘들은 아무리 가물 때라도 마르지 않을 정도로 풍부한 수량이 특징이다. 사철 넘치는 샘물은 동민들의 생활용수와, 넓은 농토에 필요한 용수를 계속 공급하기에 충분하므로 이 고장의 두 번째 글자로 '샘(泉 천)' 자를 사용함이 타당한 일이다.

솔샘이란 이 고장이 하나님께 받은 천연의 모습을 그대로 표현한 아름다운 우리 말이다. 소나무와 샘물이 풍부한 고장, 솔샘의 한문 표기는 물론 '송천(松泉)'이다. 이렇게 향토 냄새가 물씬 풍기는 이름이 사용하기 쉽게 부르다 보니 송천으로 바뀌기 시작했다. 그래서 '솔샘'은 어느 사이에 '솔내(松川 송천)'가 되고 솔내는 다시 음운현상에 의하여 '소래'로 변한 것이다.

이 고장 이름과 연관하여 한 가지 더 부연할 것은 면 이름이다. '대구면(大救面)'은 '큰 구원'이란 뜻인데 어쩌면 이런 이름을 오래전부터 사용해 왔는가? 기독교가 들어온 후에 지어진 이름이 아니요, 오래전에 이곳에 큰 구원의 역사가 일어날 것을 예상하고 지어졌던 이름이었으니, 하나님의 오묘하신 섭리라고 하겠다.

### 3) 소래교회의 창립

소래교회는 서상윤, 서경조 형제에 의하여 1883년에 설립된 교회이다. 교회사 학자에 따라 1884년, 1885년 창립설이 있지만 필자가 마지막 소래교회 당회장이었던 허간 목사에게서 소래교회 당회록을 보고 확인한 사실이다.

이들은 본래 평안북도 의주 사람으로 청운의 큰 뜻을 품고 만주에 가서 장사를 하다가 영국 선교사 로스(J.Ross)와 맥킨타이어(J.Mckintyer)를 만나 예수를 영접하고, 성경을 번역해 가지고 귀국했다. 의주에서 전도를 시작했으나, 외국에 가서 이상한 종교를 믿고 와서 전도한다고 체포령이 내렸다. 할 수 없이 이곳 장연 소래로 숨어들어와 살면서 전도하여 교회가 설립되었다.

선교사들이 어느 나라든지 들어가 전도하여 얼마 후에 신자가 생기기 시작함이 정상인데, 한국과 소래의 경우는 우리나라 사람이 외국에 가서 복음을 받고, 성경까지 번역하여 인쇄해서 귀국하여 교회를 세운 것이니, 특이하다 못해 신기한 일이다.

이런 사례는 기독교 선교 2000년 사상 처음 있는 일이기에 더욱 감사하고 자랑할 만하다. 외국 선교사의 발길이 미치기 이전에 우리 힘으로 우리 동포의 잠을 깨운 이 위대한 업적은 아무리 높이 평가해도 지나치다고 할 수 없는 일대 쾌사(快事)이다.


## 4) 만성, 소래교회에서 신앙 훈련을 받으며 성장하다

만성은 백령도에서 출생했으나, 서당교육을 마친 뒤에는 바다 건너 장연군 소래에 와서 해서제일학교(海西第一學校)에서 일반 학과를 배웠으며, 소래교회에서는 신앙훈련과 영적 교육을 받았다.

만성은 12세에 처음 성경을 구입하여 열심히 읽었는데, 소래교회에서 백령도 중화동교회로 파견한 전도부인에게 성경 구절을 질문하여 어른들을 놀라게 하였다. 그런 인연으로 어린 시절에 고향을 떠나 소래로 유학 왔던 것이다.

# 3.
## 결혼과 재령성경학교 입학

### 1) 기독교인 최숙은(崔淑恩)과 결혼하다

해서제일학교에서 신학문을 배우고 돌아온 만성은 재령성경학교 (載寧聖經學校)로 진학하기 전 18세에 결혼하였다. 가을리는 백령도 중앙에 있고 논밭도 넓어 살림이 넉넉한 마을인데, 그 가운데서도 영 암 최씨 집안이 가장 번성했다. 농사짓고, 고기잡이배도 부리는 집안 의 딸 최숙은(崔淑恩, 1887~1956)과 혼인했다. 이름만 보아도 알 수 있 듯이, 기독교 집안에서 자랐기에 '은혜 은(恩)' 자를 넣어서 예쁘고도 은혜로운 이름을 지닌 여성이었다.

만성의 어머니는 백발의 여걸이었는데, 백권신(白權信)이라는 이 름 그대로 하나님의 권세(權)를 믿는(信) 충실한 기독교인이었다. 만 성의 새색씨는 시부모를 잘 모시고, 남편의 목회도 잘 내조하였다. 전도부인이 따로 있어도, 만성은 목회 시절에 늘 사모와 함께 교인 집안을 심방하였다. 여전도사와 함께 다니다가 구설수에 오른 경우 를 많이 보았기 때문이다. 최숙은 사모는 한글도 잘 읽고 써서 교인 들에게 교육적으로도 모범이 되었다.

허 목사 신혼 시절에 맏아들이 태어난 백령도 연화리 집. 70년 만에 찾아온 허태형 장로

## 2) 아내가 은비녀를 선물하고 입학한 재령성경학교 수업

만성의 학업은 어려서 한문 공부를 하고, 소래 해서제일학교에서 신학문을 배웠으며, 하나님의 종으로 부름받은 소명감이 더욱 뜨거워지자 1910년 재령성경학교에 입학하였다.

1910년은 우리나라 국권이 일본에게 약탈당한 수치스러운 해였다. 민족적으로 사회적으로는 비극과 절망의 때였지만, 영적으로는 오히려 하나님의 종으로 부름받을 단계에 이르렀으니, 성경학교 수업은 매우 다행한 일이었다.

재령성경학교(남자부)는 미국 북장로교 선교부가 황해도 재령에 선교부를 설치한(1906년) 후 가장 크게 시작한 교육사업이었다. 1910년에 설립했으니, 허 목사는 개교 후 첫 입학생이다. 창립자는 선교부 대표자 헌트(W.B.Hant, 한위렴), 교수진은 샤프(C.E.Shap, 사우업), 커(W.C.Kerr, 공위량), 쿤스(E.W.Koons, 군내빈), 베어드(W.M.Baerd, 배의림) 등 선교사들과 이지양, 장홍범, 현태룡, 오득인 목사 등 쟁쟁한 한국인 멤버로 훌륭하게 교수했다.

성경학교 창립 이전인 1906년부터 황해도 지방에서는 성경반(Bible Class)이 운영되었으며, 1911년에는 6개 성경반 운영에 1,200명을 교육시켰다. 재령성경학교는 처음에 헌트 선교사의 사랑방에서 1910년 1월에 92명의 학생으로 개학했는데, 허응숙은 이때 최초 입학생으로 공부했다. 평양신학교 입학을 위한 예비학교로 생각한 것이다.

1930년 당시 재적 400여 명으로, 세계에서 제일 큰 성경학교라고 교수진(선교사)들이 증언했다. 이 학교를 마치면 평양신학교 입학 자격을 받았다.

학제는 한 학기 40일간, 겨울 농한기에 개최하여 농촌 청년들도 취학하기에 편리하도록 했으며 3년제 졸업이었다. 학과는 신구약 성경 전체를 위시하여, 소요리문답, 개인전도학, 교수법, 찬송가 등이었고 한국교회사나 정치 헌법은 특강으로 교수했다. 허 목사는 1916년에 졸업했으며, 이 학교를 선후배로 졸업한 황해도 출신 목사들로는 이환수(청암교회), 장성칠(서대문교회), 박성겸(금성교회), 조봉하, 이두수, 박영환, 최재겸 등이 있다.

만성의 아들 허태형 장로가 만성의 성경학교 입학과 첫 목회 경험을 이렇게 증언하였다.

나의 선친께서는 일생을 목회자로 계셨는데, 농촌에서 학비 조달이 안 되어 선교사 부인에게 나의 어머니가 출가(出嫁) 올 때 친정에서 선물로 주신 머리 은비녀를 선물로 드리며 남편의 앞길을 열어 달라고 부탁하여 재령성경학교에 입학하였다. 먼저 전도사도 되기 전에 21세에 전도인(傳道人) 자격으로 교회 봉사를 시작하였다.

제일 먼저 간 곳이 황해도 장연군 산골 동네에 가서 동네 젊은이들의 매도 맞아가며 전도하였는데, 그곳에 교회가 서고 장로님도 세우셨다. 그 장로님의 두 아드님은 목사가 되셔서 지금 우리 아들 경화가 장로로 있는 뉴욕 교회의 장(영춘) 목사님이시다. 이때를 계산하여 보면 (새로) 맞이하는 2009년이 바로 100년 되는 해이다.

-허태형, 뉴욕 퀸즈장로교회, 「2009년을 맞으며 100년 되는 옛이야기」,
『아가페』 제328호, 2009년 1월 10일

장연군 서의동교회(西儀洞敎會, 서꼴교회)는 소래교회 다음으로 1895년에 세워진 한국의 두 번째 교회인데, 1910년 서의동교회에서 만났던 허응숙 전도인과 장치권 장로의 손자들이 백 년 뒤 미국 교회에서 다시 만났다.

허응숙 전도인의 손자 허경화가 미국 뉴욕에 이민 가서 장치권 장로의 손자인 장영춘 목사가 목회하는 퀸즈장로교회에 출석하여 성가대를 지휘하고 장로 장립을 받았으며, 허태형 장로와 아들 허경화 장로, 허경천 장로, 그들의 아들과 손자들까지 4대가 한 교회에 출석하게 된 것은 놀라운 하나님의 섭리이다. 중화동교회를 세운 허득 공으로부터 7대째 신앙을 지키는 집안이 된 것이다.

위 재령성경학교. 아래 재령부인성경학교

# 4.
## 문화읍 삼일만세운동을 주도하고 3년 형을 받다

### 1) 3·1만세운동의 동기

3·1만세운동은 1919년 3월 1일을 기하여 우리 대한민족이 일본제국주의 식민지 통치하에서 독립을 쟁취하려는 염원에서 독립만세를 부르며 궐기한 일대 시위운동이었다. 이로 인하여 일본의 한국 통치가 비인도적인 악정이었다는 것이 전 세계적으로 폭로되고, 당장 독립이 이뤄지지 못하였지만 민족단결의 좋은 계기가 되었다.

이 만세운동의 결과로 중국에서 상해 임시정부가 수립되고, 조국이 광복될 때까지 망명정부가 국외에서 빛나는 업적을 남기며 겨레의 정통성을 보존해 왔다.

1914년에 일어난 제1차 세계대전이 4년째 계속되던 1918년 1월, 당시 미국 윌슨(W.Wilson 1858~1924) 대통령이 대전 종결을 위한 14개조의 평화원칙 선언에 따라 식민지 문제에 대한 공평한 해결과 민족자결(民族自決, Self-determination of Nations) 등을 발표했고, 그해 11월 휴전조약이 체결되자 그 이듬해(1919.1.18) 파리에서 강화회의가 개최되었다. 이 파리강화회의에 우리 민족대표로 김규식 박사(장로)가 참석하여 크게 활동했다.

마침 조선왕조 제26대 왕인 고종(高宗)이 1919년 1월 22일에 별세했는데, 일본인에 의해 독살되었다는 소문이 퍼지면서 민족감정이 극도로 흥분되어 있었다. 민족 지도자들이 고종의 국장일인 3월 3일을 계기로 많은 국민이 서울에 집결하리라 보고, 3월 1일에 독립선언을 하기로 정했다.

3·1만세운동은 민족적인 정치운동이지만 기독교가 주도하여 거사했다. 일본이 우리 민족을 통치하는 데 걸림돌이 기독교이고, 또 이를 선도한 독립운동가, 민족주의자, 항일투사 가운데 상당수가 기독교 지도자들이었다. 독립선언서에 서명한 민족대표 33명 중 기독교 대표 지도자가 16명이었으며, 이 가운데 평산 오화영 목사, 해주 남본정감리교회 최성모 목사, 해주 박희도 전도사가 황해도 출신이었다.

## 2) 문화읍 3·1만세운동을 이끌다

황해도 신천군의 만세운동은 허응숙 목사가 전도사(당시 조사)로 목회하던 문화읍에서 시작되었다. 문화읍의 민족 지도자들은 미리부터 장날인 3월 10일을 기하여 만세시위를 하기로 결의하고 준비를 진행해 나갔다. 애국지사 허응숙, 문창규, 이영희, 김명성 등이 주도적 역할을 담당했다.

3월 10일(음력 2월 10일) 오전 11시쯤 장꾼들이 많이 모여들기를 기다려 예수교인들 중심으로 300여 명의 군중이 읍내 동각리 장터로 모이고, 허응숙, 방형묵, 강영탁 등이 앞장서서 '대한독립 만세'를 부르며 우리 민족의 독립을 선언하였다.

허웅숙 조사가 큰 목소리로 독립선언서를 낭독한 뒤에 태극기를 높이 들고 만세를 연속적으로 부르며 행진하니, 장꾼들이 모두 호응하였다. 한참 행진한 뒤에 허웅숙 조사가 군중들을 멈춰 세우고, 독립선언서를 다시 낭독하였다. 1000여 명으로 늘어난 대열이 시가를 누비며 행진하여 기세를 올렸다.

그러나 얼마 후에 일본 순경들이 무력을 동원하여 군중들에게 총을 함부로 발사하자, 대열이 무너지고 군중이 흩어졌다. 일부 지도자들이 죽고, 부상당했으며, 일부는 체포되어 헌병대로 끌려갔다.

이튿날 또 다시 500여 명의 군중과 애국지사들이 헌병대로 몰려가 강제 탄압을 규탄하고, 구속자들의 석방을 강력히 요구하여 잠시 화해가 성립되었다. 함께 만세시위를 계획했던 문화읍교회 최현식 목사가 만성에게 "허전도사는 나이가 젊으니 잠시 피했다가, 나중에 돌아와서 교회와 교인들을 돌보라."고 당부하였다.

만성은 백 리나 되는 길을 밤새 걸어서, 잠시 집으로 피신하였다. 그러나 만성의 아버지 허권은 아들이 무사하게 돌아온 것을 다행스럽게 여기지 않고, "나라를 위해서 독립만세를 부른 것이 뭐가 잘못했다고 달아났느냐? 부모를 걱정하거나 무서워하지 말고, 소신대로 행동하라."고 야단을 쳤다.

꾸중을 듣고 문화읍으로 돌아온 만성은 이튿날 다시 만세운동을 주도하다가 체포되었다.

# 5.
## 일본 헌병에게 고문을 받다가
## 고막이 터져 평생 고생하다

만성은 문화읍 장터에서 수많은 주민들 앞에 나와 독립선언서를 낭독한 주동자였기 때문에, 첫날부터 "만세시위 배후를 밝히라"고 협박당하며 고문을 받았다. 만성은 "나라 잃은 국민이 스스로 독립을 외친 것이지, 배후 주동자가 따로 없다"고 버텼다.

조선인 순사에게 고문받다가 귀를 심하게 맞아서, 결국 고막이 터졌다. 손톱과 발톱을 뽑는 고문까지 받는 바람에 발톱들이 뽑히거나 검게 죽어버렸다. 조선인 순사가 깐죽거리며 심문하자, 만성이 분을 이기지 못해 앉아 있던 의자를 들어 순사를 내리쳤다. 기골이 장대한 만성이 의자를 내리치는 바람에 순사는 나둥그러졌지만, 만성도 동시에 의식을 잃었다. 다른 순사들로부터 너무 두들겨 맞는 바람에 의식불명이 된 것이다.

만성은 빼앗긴 조국을 찾기 위해 독립운동을 한 것이 죄가 아니라고 생각했으므로 지방법원의 유죄(有罪) 판결에 항소하였다. 1919년 7월 26일 고등법원 형사부에서 소위 보안법(保安法) 위반(違反) 혐의로 3년 형이 확정되어 옥고를 치렀다.

만성은 문화읍에서 함께 만세시위를 주도하다가 체포된 최현식 (崔賢植)·강성모(康成模)·임도성(林道成)·방형묵(方亨默)·강영탁(康榮鐸)·문창규(文昌奎)·최재준(崔載俊)·최효식(崔孝植) 등과 감옥 안에서 의형제를 맺고, 평생 독립운동을 계속하자고 다짐하였다. 판결문 내용은 아래와 같다.

위 보안법 위반 피고사건에 대해 대정(大正) 8년(1919) 6월 12일 평양 복심법원에서 언도한 판결에 대해 피고 등으로부터 상고를 신청함에 따라 당원(當院)은 조선총독부 검사 초장임오랑(草場林五郞)의 의견을 듣고 판결함이 다음과 같다.

주문 :
본건 상고는 이를 기각(棄却)한다.

피고(被告) 최현식(崔賢植) 상고 취의는, 피고는 일한(日韓) 병합 이후 늘 우리나라가 독립할 기회를 기다리고 있었는데, 다행히 우리들에게 자유 활동의 권능을 얻게 함은 이번 강화회의에서 특별히 민족자결주의를 발표한 것에 있다. 목마른 자가 물을 만난 것과 같이 피고는 묵묵히 보고 있을 수 없어서 조선의 독립을 도모하기로 하고, 일반 민족과 함께 독립만세를 불렀다. 이것은 진실로 민족의 당연한 의무인데, 오히려 이를 보안법 위반이라고 하여 처벌함은 불법이라고 말할 수 있다. 우리 민족을 모두 범인이라고 부르고 협박적이고 강제로 처벌함은 실로 일본 정부가 자기의 보안법 위반, 혹은 협박죄를 세계에 고백하는 것이니, 피고는 절대

죄인이 아님을 확신한다고 말했다. …

　피고(被告) 허응숙(許應俶) 상고 취의는, 피고는 3월 10일 조선 만세단에 참가하여 만세를 기쁘게 불렀는데, 이것은 강화회의에서 민족자결론을 발표함에 따라 우리 민족은 압제를 벗어나 자유를 얻기 위해 이것을 한 것이고, 일한(日韓) 합병(合倂) 이후 선제(先帝) 폐하(陛下)는 우리 조선의 미개함을 가엾어 하고 열심 극력으로 문명이 되게 하기 위해 교육한 결과 지금에 이르렀다는 생각에 감동하여 독립만세를 부른 것이니, 죄가 될 수 있는 것이 아니라고 말했다. …

　그렇지만 원심(原審)은 증거에 의해 원판시의 사실을 인정한 것이고, 그 사실에 의하면 각 피고의 소위(所爲)는 원심 적용 법조에 해당되는 범죄임이 분명하다. 논지(論旨)는 결국 자기의 사실 및 의견을 전제로 하여 범죄가 되지 않음을 주장하는 것이니, 모두 상고(上告) 이유가 없다. 위 설명과 같이 본건 송고는 이유 없으므로, 형사소송법(刑事訴訟法) 제285조에 따라 주문과 같이 판결한다.

　만성은 순사에게 심문당하는 순간에도 이따금 '천황(天皇)'을 들먹였다. 천황을 언급하는 순간에는 일본 순사가 부동자세를 취하기 때문에, 잠시라도 쉴 수 있었던 것이다. 항고심의 최후 발언에서도 파리강화회의의 결정에 따라 우리 민족의 운명을 우리가 스스로 결정하겠다는 자결주의(自決主義)에 따라 독립만세를 외쳤으며, 돌아가신 우리 황제가 민족의 문명을 교육한 결과 우리의 현실을 알게 되어 독립만세를 부른 것이니, 우리의 갈 길은 우리가 결정하겠다는 나의 선언은 잘못이 아니라고 반박하였다.

刑事判決原本

大正八年刑上第四六六號

判決

黃海道信川郡文化面東閣里
教會助事
被告人　崔賢植
　　　　　　　　　四十六年

同所及物商
被告人　康成模
　　　　　　　　　三十七年

同所醫生
被告人　林道成
　　　　　　　　　四十一年

判決文

刑事判決原本

同道同郡同面西亭里農
被告人　崔孝植
　　　　　　　　　四十年

同道松禾郡十里面清凉里農
被告人　許應俶
　　　　　　　　　三十一年

右保安法違反及被告事件ニ付大正八年
六月十二日平壤覆審法院ニ於テ言渡シ
タル判決ニ對シ被告等ヨリ上告ヲ申立
テ當院ハ朝鮮總督府檢事草場林五郎ノ意見ヲ
聽キ判決スルコト左ノ如シ

主文

판결문

나이가 가장 많아 주모자로 인정되어 가장 먼저 판결을 받은 최현식 목사도 1년 징역을 살고 석방되었는데, 만성은 3년 언도받은 기간을 대부분 감옥에서 보냈다. 민족대표 33인 가운데 이보다 오래 감옥에 갇혀 있던 지도자도 없고, 얼마 뒤에는 상당수가 감옥에서 풀려났지만, 만성은 끝까지 변절하지 않았다. 중간에 만성에게도 "일본 황실에 공주가 태어났으니 특사(特赦)를 베푼다"고 하며 출옥(出獄)을 권유하였지만, 만성은 "원수의 딸이 태어났는데, 무엇이 고맙겠느냐?"고 반대 의사를 표현하여 3년을 대부분 채운 뒤에야 출옥하였다. 그 바람에 평양신학교 입학이 한참 늦어져, 10년 이상 후배들과 함께 공부하게 되었다.

국립묘지 비면(碑面)에 허 목사 법정 최후진술을 새겨 넣었다.

# 6.
## 만성 3형제의 독립운동

　그 당시 3·1운동의 결과로 중국 상해에 임시정부가 수립되어 조직적으로 항일·독립운동에 활기를 띠었고, 국내의 유지들이 독립운동자금을 모집하며 후원하였다.

　만성은 3·1운동의 제1선에 활동한 까닭에 옥고를 치르고 출옥 후에도 전도사로 목회하면서 독립운동가로 비밀리에 활약하고, 군자금을 수금하며 후원하는 데 주력했다.

　만성의 남동생으로는 허성묵(許聖默)과 허성민(許聖敏)이 있다. 신앙을 지키며 살라고, '거룩할 성(聖)' 자를 이름에 넣어 주었다.


### 백도(白島) 허성묵(許聖默, 1891~1931)

　허성묵은 독립운동을 하면서 신원을 감추느라고 여러 가지 이름을 사용하였는데, 독립운동사(獨立運動史)나 재판기록에는 허빈(許斌)이라는 이름으로도 소개되었다. 출생지 백령도를 생각하여 호는 백도(白島)라고 하였다. 백령도 서당에서 한문공부를 한 뒤에 장연 해서제일학교를 마치고 일신학교와 양재학교(풍천 소재)에서 교사로 활동하였으며, 신학교 입학 자격 허락까지 받았다.

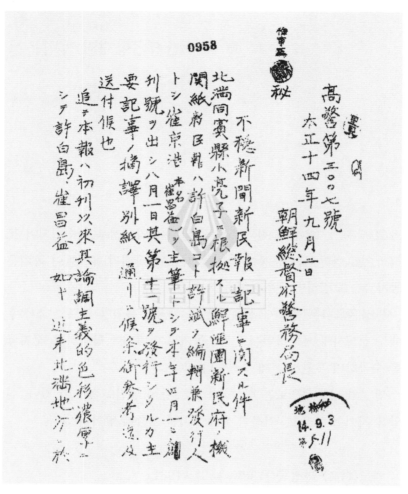

불온신문 『신민보』를 수사한 조선총독부 고등경찰 비밀문서

　형 만성과 같이 3·1운동에 참여하였다가, 1919년 이창실(李昌實)과 함께 구월산에 입산하여 대한민국 임시정부와 연락하면서 『독립신문』을 배포, 항일의식을 고취하다가 일본 경찰에 붙잡혀 1년간 복역하였다. 1922년 출옥한 뒤에 친일파 은율 군수 암살 혐의로 6개월

옥고를 치렀다.

일경의 감시가 극심하여 국내에서 더 이상 활동하기가 힘들자, 1924년에 만주로 가서 민족주의적 기독교 사상운동을 전개하며 활동했다. 북간도(北間島) 용정(龍井)에 동계중학(冬季中學)을 설립하여 청년들을 지도하였으며, 1925년에 김좌진 장군과 함께 신민부(新民府)를 조직하여 교육위원장과 선전부장으로 독립운동에 심혈을 기울였다.

『신민보(新民報)』라는 기관지(機關誌)의 주필(主筆)을 맡아 독립정신을 고취하는 사설을 많이 쓰다가, 1927년에 체포되어 8년 형을 선고받았다. 황해도 장연 출신의 후배 소설가 강경애(姜敬愛)의 논설을 게재한 것이 죄였다.

독립운동사에는 옥고(獄苦)를 치르다가 순국하였다고 되어 있지만, 실제로는 일제(日帝)가 옥사(獄死)시켰다는 책임을 회피하기 위해 1929년에 가석방했는데, 1931년 4월 14일 그 후유증으로 순국(殉國)하였다.

신민부는 재북만(在北滿) 동포(同胞)들에게 대종교적 민족주의와 공화주의를 고취시키기 위해 선전 활동을 전개하고자 하였다. … 구체적인 실천방안으로 기관지인 『신민보(新民報)』를 순간(旬刊)으로, 선전문을 부정기적으로 간행하였다. 필요에 따라 순회강연도 실시하였다. 『신민보』는 1925년 4월 1일에 창간호가 발행되었는데, 그해 8월 29일에 제12호가 나와 관할지역인 중동선 일대는 물론 북간도에까지 배부되었다. 그러나 당시 동삼성(東三省)은 물론 중국 전 지역에 걸쳐 공산주의자에 대한 취췌(取締)가 삼엄한

시기라 1926년 4월에 김일성(金一星, 金奉煥), 강경애(姜敬愛) 등의 투고가 적색(赤色)의 경향을 띠었다고 하얼빈(哈爾濱) 주재 일본 영사관이 트집을 잡아 신민부의 선전부위원장인 허성묵과 이광진(李光鎭)이 체포됨으로써 활동이 중단되었다.

– 위키백과 「신민부(新民府)」

만성은 목회를 계속하며 동생의 독립운동을 재정적으로 후원하기 위하여 동분서주하며 군자금을 모금하였다. 모금한 성금은 구월산 아지트를 통하여 상해 임시정부나 만주 신민부로 전달되었다. 구월산을 통하여 들어온 『독립신문』도 주변 인사들에게 배포하였다.

만성은 3·1만세운동 주도와 삼 년 옥고(獄苦), 독립군 군사자금 후원이 인정되어 건국훈장 애족장을 받았고, 그 유해는 대전국립묘지에 안장되었다. 백도 허빈도 1977년에 건국훈장 독립장(獨立章)이 추서되었지만, 시신을 찾을 수 없어 아직도 국립묘지에 안장되지 못하였다.

### 나의 아버지 백원(白園) 허성민(許聖敏, 1906~1950)

나의 아버지도 가운데 아버지(허성묵)를 따라 만주 북간도로 망명하였다. 형제가 글을 잘 쓴다고 하여 독립신문(신민보) 발간에 참여하였으며, 조선 청년들에게 독립사상과 애국심을 교육하였다. 형의 심부름으로 비밀문서를 속옷에 넣고 바늘로 꿰매고 멀리 다녔으며, 어느 동네에 들어갔다가 일본 경찰이나 사복 경찰이 보이면 허름하고 더러운 변소에 들어가 콧수염을 달고 중국인 옷차림으로 나오곤 했다. 중국어를 잘하여, 검문당해도 중국인 행세를 하였다.

밤낮 일본 경찰이 집에 찾아와서 긴 칼로 여기저기 쑤시면서 아버지를 찾았기에, 어머니는 늘 불안과 공포 속에 살았다. 1926년에 낳은 첫아들부터 계속하여 네 아이를 잃고 나자, 다섯째 임신했을 때에는 황해도 시댁에 가서 낳아, 딸 하나(나, 허태신)를 키웠다. 돌이 되자 만주 흑룡강성 흑하(黑河)에 가서 아버지를 만났다.

개성 송도중학교를 졸업한 아버지는 한국어, 중국어, 일본어를 모두 잘해 흑하현에서 안동(安東), 통화(通化) 등지로 이사하면서 전기회사 기술자로 활동하였다. 상해임시정부로부터 '전쟁이 끝날 테니 빨리 조선 가까운 곳으로 옮기라'는 연락을 받고, 많은 동포들과 함께 압록강 가 안동으로 이사하였다.

한 세대가 마차 한 대씩 구하여 이삿짐과 가족을 싣고 조선으로 가는데, 중국 치안대가 마차를 세우고 검문할 때마다 아버지가 유창한 중국어로 위기를 넘겨서, 나는 어린 나이에도 아버지가 훌륭해 보였다. 압록강에서 생선국을 구해 먹고 신의주에 도착해서야 마음이 놓였다. 아버지가 일행들에게 "기나긴 육로와 수로를 한 명의 불상사도 없이 무사히 고국 땅을 밟게 되었으니 하나님께 감사한다"고 연설하고, 각자 고향으로 흩어졌다.

큰아버지(허응숙 목사)께서 나의 아버지를 독립유공자로 신청하자고 하셨지만 사양했는데, 이제는 그런 증언을 해주실 큰아버지도 오래전에 세상을 떠나셨으니, 아버지에게 너무나 죄송하다.

　　　　　　　　　　　　　　　- 2016년 4월 5일 딸 태신(뉴욕 만나교회)

## 제3부

# 황해도 목회 생활

# 목회 생활 초창기 전도인 시절

## 1) 장연군 서의동교회 시무

허 목사는 성장하면서 남들처럼 집안에서 농사나 짓고 있을 수가 없었다. 하나님께 헌신하고자 하는 마음이 불타던 중, 선교사의 권고에 따라 전도인으로 헌신하게 되었다. 전도인(傳道人)이란 정식으로 노회(老會)에서 전도사(傳道師) 고시(考試)를 거쳐 자격증을 소지하고 목회하기 이전에, 당회장이나 시찰장이 추천하여 연약한 교회를 당회장 책임하에 시무하는 일꾼이니, 예비전도사이다.

31세 되던 해에 하나님의 종으로 첫 출발한 교회가 황해도 장연군 신화면 서의동교회인데 속칭 서꼴교회라고 불렀다. 최초 설립자는 이대곤 씨인데, 사업차 서울을 왕래하다가 대구면 송천리에서 우연한 기회에 소래교인들에게 전도를 받고 예수를 영접하게 될 뿐만 아니라 그의 동생 형곤, 석곤도 믿어 창설 교인이 되었다. 그리고 이인석(이종겸, 이종규 목사 조부), 장치권(장영춘, 장성춘 목사 조부), 이기언(이종겸 목사의 오촌숙부) 등 8가구가 합심하여 기와집 예배당(10칸)을 건축했다. 그리고 교회 옆에 사립학교도 세워 인재를 양성했다. 서꼴교회는 소래교회에서 복음이 직수입된 곳이다.

서꼴교회

　이런 역사 깊은 교회에 처음 헌신하는 허 목사는 감개무량하면서
도 책임이 무거움을 알고 힘껏 전도하였다. 이웃에 있는 용정교회(龍
井敎會, 일명 용연교회)도 겸해서 시무했다. 용연교회는 장연군 용연면
용정리에 있었는데, 창립연도가 1898년이니 이 교회도 역사가 오래
된 교회였다.

　초급 교역으로는 너무 힘든 목장일 것 같으나, 신설된 개척교회보
다는 교회 계통도 확립되고, 교회 봉사에 경험이 있는 직원들이나 교
인들이 상당히 있었으리라 짐작되니 어떤 면에서는 목회하기가 어
느 정도 수월했으리라 생각된다. 그러나 신학 공부도 못 했고, 조사
자격도 없는 병아리 목자로서 애로점이 많았으리라.

　처음에는 완고한 양반 동네의 젊은이들에게 매까지 맞아가며 전
도하였다. 그러나 사명감에 불타서 헌신함으로 4년간의 초창기 목회

의 좋은 열매를 많이 맺었다.

이범구 목사가 쓴『목회자의 향수(회고록)』에 보면 이 목사의 모교회인 휴서교회가 창립되던 당시 그 교회 집사였던 한순영(후에 장로가 되고 6·25 때 순교했다)이 자기 장인 되는 허응숙 전도사를 청빙하여 부흥회를 가진 기사가 있다. 이로 미루어 보면 허 목사는 전도인 시절에도 종종 부흥회 강사로 초빙되어 활동하였다.

서꼴교회는 역대 당회장이 언더우드, 이승철, 김덕회, 김윤점, 김종삼, 김용국, 권오균, 박경구, 이근필, 오순영 목사 등이었으며, 실제로 시무한 전도사(조사)들은 허응숙, 정규삼, 김홍수, 서동혁, 이윤호, 이범만, 윤두환 등이다. 이 교회 출신으로 후에 목사된 분은, 장덕호, 이종겸, 장영춘, 이종규, 장성춘이다. 이 모든 일도 그 당시 허 목사가 뿌려놓은 복음의 씨앗에서 자라나 맺은 열매라고 하겠다.


## 2) 매 맞으며 목회한 장연군 용연교회

용연교회는 황해도 서해안 용연반도 내에 있었다. 장연군은 일제시대에서 8·15해방 후까지는 단일 군이었으나, 북한에서 행정구역 개편(1952년 12월)에 따라 장연군, 용연군, 태탄군 등으로 삼분됨에 따라 용연군이 독립군으로 새로 생겼다.

장연군은 불타산(606m)을 중심으로 불타산맥이 동서로 뻗어 남북으로 분수령이 되고, 남대천 이남 지역에 소재한 군이다. 해안선이 122km이고, '조선 팔경(八景)'의 하나인 몽금포(夢金浦)가 북쪽에, 선교사들의 별장이 즐비한 구미포(九味浦)가 남쪽에 있는 명승지이다. 서쪽으로 돌출한 장산곶은 해류의 소용돌이와 암초들 때문에 해난

조선 최초의 골프장이 있던 구미포 선교사 별장

사고가 빈번하여 해신에게 제사를 드리던 곳인데, 효녀(孝女) 심청(沈淸)의 전설이 생겨난 임당수가 이곳에 있다.

몽금포 오차바위는 북한 천연기념물 제141호이고, 구미포 사구는 북한 천연기념물 제142호이며, 국사봉(288m)과 태산봉(381m) 일대는 장산곶 식물보호구역으로 북한 천연기념물 제17호로 되어 있어 황해도에서 가장 자연 경치가 아름다운 명승지이다.

이곳에 용연교회가 1898년 2월 15일에 설립되었다. 최초 전도인은 김인호 씨인데 소래교회 교인으로 추정된다. 창설 교인은 홍범조, 김자원이다.

허 목사가 이곳에 부임한 연도는 1912년이니 조선예수교 장로회 총회가 창립되던 해이다. 이미 서의동교회에서 목회 훈련을 어느 정도 쌓았기 때문에, 더욱 열심히 목회에 전념하여 장연군 내에 우수한 교회로 부흥시켰다. 허응숙 목사의 신앙지도를 받은 청년들이 후일 교회 중견 인물(장로)들이 되었으니 이춘우, 주창수, 백재명 등이다.

교회에서 부설로 태창학교를 설립하여 인재 양성에 주력한 일도

이 시절이며, 그 후에 조석훈, 장덕호, 오순영, 서동혁 등의 훌륭한 교역자들이 시무하였다.

이 교회 출신으로 월남하여 목사가 된 분은 김선경(충북노회장 역임), 홍중현(서서울노회장 역임), 김관오(서서울노회장 역임) 등이 있으며 백재명 장로는 북한에서 순교하였다.

### 용연교회에서 나중에 며느리를 얻다

아버지는 장연 서의동교회와 용연교회 두 곳에 함께 전도인으로 파견되어 목회를 시작하셨는데, 용연교회는 뒷날 조석훈 목사가 목회하셨다.

이 교회에는 젊은 나이에 장로가 되어 열심히 봉사하는 주창수 장로가 있었다. 재령 명신학교 출신으로 학식도 있고 집안도 넉넉해 인근에서 평판이 좋던 장로였

신혼 시절의 허태룡 주은영 부부

는데, 조석훈 목사가 주창수 장로의 맏딸을 아버지에게 작은며느리로 중매하였다. 이 딸이 바로 나의 아내 주은영 권사이다.

– 작은아들 허태룡

어느 날 오후에 어머니와 함께 대문 밖을 내다보고 있었는데, 멀리서 키가 큰 청년이 걸어오고 있었다. 어머니가 혼잣말로 "저렇게 잘난 남자가 우리 사위 되면 좋겠다."고 하셨는데, 그 청년이 우리 집으로 들어섰다. 예전에 우리 교회에서 목회하셨던 허응숙

목사님의 작은아들이었는데, 우리 교회 조석훈 목사님이 중매를
서 주셔서 직접 찾아온 것이다. 우리는 두 분 목사님의 말씀을 믿
고 두말없이 결혼하여, 평생 행복하게 살았다.     - 작은며느리 주은영


### 3) 송화읍교회 시무

송화읍교회는 송화군 군청 소재지인 송화읍 읍내리 132에 있었다.
1940년에 발간한 『야소교장노회연감(耶蘇敎長老會年鑑)』에 송화읍
교회가 1898년 4월 5일에 창립되었다고 하였으니, 아주 일찍 세워진
교회이다.

만성이 시무한 뒤에 교인이 증가하자, 1918년에 김광선 교인이
1,000원을 헌금하여 새 성전을 건축했다. 1925년에 여덕빈을 장로
장립하여 처음으로 당회가 구성되었다.

역대 교역자는 장의택, 허응숙, 김덕회, 김정묵, 오순형, 권오균, 김
태석 등인데, 허응숙 전도인은 1915년경에 시무했으며, 마지막 시무
자였던 김태석 목사는 1951년 공산당에 의해 순교했다.


### 4) 신천군 문화읍교회 시무

문화읍교회는 황해도 신천군 문화면 서정리에 있었는데, 창립 과
정을 『조선예수교장로회 사기 상』(1928년 조선예수교장로회총회 발행)
46~47쪽에 이렇게 소개하였다.

"신천군 문산교회(문화읍교회의 별명)가 성립하다. 선시(先時)에 교
인 김영숙의 전도로 본리인(本里人) 이민형이 시신(始信)하고, 인인(隣

人)에게 선전(宣傳)하여 신자(信者)가 계흥(繼興)하여 교회를 설립하고 기후(其後)에 이유용으로 장로를 장립하여 당회를 조직하니라."
(1897년 창립)

문화(文化)는 본래 문화현, 또는 문화군으로 독립된 군이었는데, 1909년 행정구역 개편에 따라 신천군과 합병하는 바람에 문화면이 되었다.

문화읍은 황해 명산 구월산이 있는 곳이다. 구월산은 신천군 송화군 은율군 안악군 등 네 군에 걸쳐 있지만, 문화읍이 가장 가깝다. 『동국여지승람』 42권에 보면 "구월산이 고을(문화읍) 서쪽 10리에 있으니 곧 아사달산(阿斯達山)인데 궁을이라고도 불렀다"라고 하였다. 구월산은 한국의 4대 명산 가운데 하나로, 단군(檀君)의 사당인 삼성단(三聖壇)이 있다.

문화읍교회는 한때 천주교인들이 박해하여 어려운 때도 있었으나 잘 극복하고, 점차 부흥되어 여러 명의 장로가 장립되었다. 역대 교역자로는 초창기에는 이기풍(한국장로교 최초 7인 목사 중 1인) 목사가 시무했고, 최현식, 신계동, 임병찬, 정차용, 허응숙, 정규삼, 유만섭, 우종서 목사들이 시무했다. 이 교회 출신 청년들 가운데 후일 남한에서 목사가 되어 목회에 성공한 분들이 여러 명인데 우상열, 박도삼 목사 등이 황남노회에 소속되어 신앙의 스승 허응숙 목사가 남한에서 마지막으로 개척한 동암교회를 물심양면으로 지원해 주었다.

허 목사는 문화읍교회를 두 차례 시무하였다.

첫 번은 전도인 시절인데 1917년부터이다. 당회장 최현식 목사 지도하에 시무하는 중에 1919년(기미년) 3·1독립만세시위 운동이 벌어졌다. 일제의 잔학한 침략으로 우리 민족은 국권을 뺏기고 식민지가 되었으나, 민족정신이 이를 용납할 수 없어 10년 만인 1919년에 독립만세운동이 전개되었다. 문화읍에서는 3월 11일 문화 장날을 기하여 만세시위가 전개되었는데, 문화읍교회 최현식 목사와 임도성 장로를 위시하여, 강성모, 방형목, 강영택, 문창규, 최재준, 최효식 등 유지들이 나서고 만성이 선두에서 지휘했다.

만성은 후일 평양신학교를 졸업하고 목사가 된 뒤에 두 번째로 문화읍교회에 부임했는데, 지난번에는 조사의 신분이었으나 이번에는 목사의 자격으로 부임하였다. 한 교역자가 같은 교회에 두 차례나 청빙받고 시무하였으니, 교회도 훌륭하지만 교역자 또한 훌륭함을 알 수 있다.

## 5) 조사 임명, 신학교 입학 허락

만성은 지금까지(1909년 서의동교회 시무 이래) 전도인으로 목회했다. 만성은 그동안 여러 차례 기회가 있었으나 충분한 기초 훈련을 쌓기 위해서 정식 노회의 조사(助師) 시취(試取)를 미루었다. 1919년에는 평양신학교에 입학하려고 학교를 찾아갔지만, 선교사들이 "올해는 조선 사정이 어려우니 신입생을 뽑지 않겠다"고 하는 말을 듣고 집으로 되돌아왔다. 서양 선교사들도 삼일만세운동이 일어날 조짐을 미리 알았던 셈이다.

삼일만세운동 이후 투옥(投獄) 때문에 조사 시취는 더 늦어졌다. 그의 아호 '만성(晚成)'의 뜻과 같이 전도인 생활 10여 년이 지난 후에야 조사 시취를 했다.

『조선예수교장로회 사기 하』(1930년 간행) 152쪽에 기록이 있다.

1921년(신유) 3월 21일에 송화군 풍해면(풍천) 성상리교회당에서 황해노회 제19회를 회집하니 회원은 선교사 2인, 목사 21인, 장로 42인이고, 임원을 선거하니 노회장 : 장덕상 목사, 서기 : 장홍범 목사, 회계 : 정찬유 장로가 피선되다. 신학 재적생 2인과 지원자 정택현, 허응숙, 오운호, 서경연, 백만수, 장응곤, 진학철 제군을 시취 허락하다.

허응숙은 시취하여 조사로 피임하다.

여러 사람이 신학교 입학허락을 받았지만, 다른 분들은 모두 만성보다 신학교를 먼저 졸업하고 목사도 먼저 장립받았다. 장응권은 24회(1929년), 오윤호는 25회(1930년), 진학철은 27회(1932년), 정택현도 27회, 서경연은 32회(1937년)인데 허응숙은 34회(1939년)이다. 10년 앞선 분, 8년 앞선 분들이 있는데, 만성만 뒤쳐졌다. 농촌의 연약한 교회들만 돌아가면서 시무하다 보니 해마다 평양에 있는 신학교에 다니기도 힘들었다. 한꺼번에 서너 교회를 돌아가면서 목회하다가 교회 형편에 따라 한 학기씩 신학 공부를 하다 보니 동료들보다 늦어진 것이다. '만성(晚成)'이라는 뜻 그대로 늦게 이루어졌다.

동기들 가운데 서경연 목사, 진학철 목사, 오윤호 목사 등은 모두 공산치하에서 순교했다. 만성은 19회 황해노회에서 오직 혼자 조사 임명을 받았지만, 목사 안수는 가장 늦게 받았다.

## 6) 평양신학교 18년 수업 시절

허 목사의 평양신학교 수업기간은 1922년에서 1939년까지 18년이었으니, 아마도 최장기 재학생이 아니었을까 생각된다. 당시 신학교 수업연한은 1년에 3학기를 수업했는데, 3년 수업제도이니 전부 9학기 수업이다. 일반 학교처럼 계속 수업을 들어야 하는 학제가 아니고, 본인의 형편에 따라 언제든지 9학기만 수업하면 되는 편리한 학제였다.

9학기를 18년이나 걸렸으니 평균 2년에 1학기씩 공부한 셈이다. 농촌 교회를 목회하면서 공부하려니, 지방교회 전도사가 교회를 비워놓고 학교 기숙사에 머물러 있으며 공부할 수 없었기 때문이다. 교통이 불편했기 때문에 매주일 교회에 왔다 가는 통학 수업은 전혀 불가능하였다. 농촌 교회에서 학비를 지원하기도 힘든 처지이기에, 교회를 부흥시키며 공부하려니 무려 18년이 걸렸다.

### 가) 평양신학교 교사 건축

평양신학교 창설 당시에는 설립자이자 교장인 마펫 선교사 사택에서 공부를 시작했는데, 학생도 두 명(서경조, 김종섭)뿐이었다. 점차 학생 수가 늘어나자 1908년(제1회 졸업생을 낸 후) 미국 시카고에 사는 맥코믹(Nettie F. McCormick) 여사가 25,000불(7만 원)을 헌금하여 2층 기와집 60칸을 지었다.

장로교 총회 창립(1912년)을 전후하여 학생 수가 무려 400여 명으로 늘어나자 신축 교사도 좁아진 실정이라, 전면 재건축하기로 하였다. 맥코믹 여사가 35,500불을 헌금하여 현대식 붉은 벽돌로 4층 교사를 신축하여, 당시 평양 시내에서 서양식 건물로 이름을 날렸다. 이 건물은 8·15 광복 이후 북한이 공산화되면서 공산정권이 강제 징발하여 그들이 검찰청 본부로 사용하였다.

허 목사가 입학하던 시기에 새로 지은 평양신학교 건물

## 나) 신학교 기숙사 생활

평양신학교 기숙사는 1913년에 완공되었는데, 모두 6동이었다. 기숙사 각 동의 이름은 건축비 기증자의 이름을 땄는데, 맥코믹 기념관 2동, 알렉산더 기념관(미 남장로교) 1동, 마르다 기념관(미 북장로교) 2동, 호주장로교 기념관 1동이었다.

각 기숙사에 입사하는 기준은 기증자의 연고를 따라 북장로교 선교부에서 기증한 기숙사에는 주로 평안도, 황해도 출신, 호주 선교부 관련 기숙사에는 경남과 부산 지방 학생들이 배치되었다. 그러나 지방색이 노출되어 피차 마찰이 생기자 허 목사가 입학한 후부터(1923년 이후) 방 배치를 지방별로 하지 않았다. 매 방마다 골고루 배치하여 지방색을 배제하고, 화합 단결하는 좋은 계기로 만들어서 매우 훌륭한 성과를 거두었다.

허 목사가 재학하던 1934년도 남궁혁 교수 강의

## 다) 당시 평양신학교 교수진

교장 : 마펫(S.A.Moffet, 마포삼열), 후에는 로버츠(S.L.Robert, 나부열)

교수 : 레이놀드(W.B.Reynold, 이눌서), 클라크(C.A.Clark, 곽안련), 엥겔(Gelson Engel, 왕길지), 어도맨(W.G.Erdman, 어도만), 벨(E.Bell, 배유지), 베어드(W.M.Baird, 방위량), 게일(J.S.Gale, 기일), 랩(A.F.Robb, 업아력), 킨슬러(Francis Kinsler, 권세열), 남궁혁 등.

## 라) 사경회 강사로도 활동하다

평양신학교에 입학한 뒤에 허 목사의 활동 기록이 당시 『기독신보』 1922년 7월 12일 자(제344호) 기사에 보인다.

제목 : 태을리교회 查經時美果

내용 : 황해도 송화군 진풍면 태을리교회에서 손영곤, 허응숙을
청빙하여 사경회를 열어 백 명씩 출석하였다. 신입 10명, 사숙 설
립, 연보가 300원에 달하였다.


사경회(査經會)는 성경을 깊이 연구하여 가르치는 것이 주목적이
지만, 태을리교회 사경회는 사숙(私塾), 즉 교회에서 사립학교를 설
립하기 위한 특별 모임이었으며, 기도를 통하여 사립학교 설립 기금
300원이 작정된 듯하다.

풍천읍 양지동교회(陽地洞敎會)에서 1921년 6월 15일에 성전건축
수전성원회를 조직하고, 1922년 11월 28일 기와집 16칸 예배당 봉
헌한 뒤에 1923년 1월 1일 사경회 강사로 윤문옥 목사, 허응숙 조사
를 초청하였다. 낙심 중에 있던 자들이 회개하고, 새 신자가 많이 생
겼다.

1925년 음력 10월 8일부터 15일까지는 상계영교회 부흥전도회를
인도하였다. 황해노회의 기록이 대부분 북한에 남아 있어, 하나하나
다 찾아서 소개할 수 없는 것이 아쉽다.

# 2.
## 목회 생활 성숙기


### 1) 송화군 송학교회와 금곡교회 시무

송학교회는 송화군 운유면 송학리에 소재했으며, 장연군 신화면 서의동교회(1886년 창립)에서 1901년에 분립되어 독립하였다.

미국 북장로교 선교사 쿤스(E.W.Koons, 군내빈)의 전도로 송학리에 복음이 들어왔고, 창설 교인은 정백순, 장영록(후에 장로됨), 홍종호(홍영식 목사의 부친) 씨들이 혼연일체가 되어 헌신함으로 교회가 비교적 순조롭게 성장하였다.

농촌이라 교인은 적었지만 동네 유지급 인사들이 먼저 믿고 헌신함으로 점진적으로 부흥되어, 1916년에 장영록을 장로로 장립하여 당회가 조직되었다.

교회당 뜰에는 높은 종각과 국기 게양대가 있었는데, 예배시간을 알리는 종소리는 시계가 없던 그 당시 동민들에게 시간을 알려주는 좋은 역할을 했다. 국기게양대에는 예배일(주일)을 알리는 십자가기(十字架旗)가 게양되었는데, 이렇게 예배일을 알리는 십자가기 게양이 다른 교회에서 찾아보기 힘든 특별한 일이었다.

허 조사가 송학교회를 시무한 때는 1923년이었고, 후임으로 서경연, 서동원, 김덕모, 홍현식 등이 시무했다. 허 조사는 목회하는 중에 특히 인재 양성에 힘써서 이 교회 출신 청년들 가운데 후일 목사가 되어 목회한 분들은 홍현식, 장정언, 홍의선, 홍장춘 등이고, 장로가 되어 헌신한 분들은 이창인, 홍영도, 장병언, 장동택 제씨였다.

만성은 송학교회와 아울러 운유면 당관리에 있는 금곡교회도 겸해서 시무하게 되어, 자전거를 타고 다니면서 넓은 지역을 심방하였다. 금곡교회는 1896년 풍천읍교회에서 분립했다. 당관리에 사는 서경연 이하 서씨 집안에 신자가 먼저 생기어 풍천읍교회로 다니다가, 교인이 많이 늘어나서 분립했다. 창설 교인은 서경연, 서정연, 서재연, 임승효, 윤봉호, 조석은 등이며, 이들 중에 윤봉호, 서경연은 장로가 되었고 뒤이어 여찬구도 장로가 되어 봉사했다.

역대 교역자로는 서경연, 이인국, 유성모, 조충식 등이 시무했다.

특히 서경연은 금곡교회 창설자인데 후에 장로 장립을 받고 봉사

금곡교회

하다가, 소명감에 의해 교역자로 나서서 조사로 시무했고, 후에 신학을 마치고 목사가 된 후에도 시골 농촌교회를 여러 곳 담당하여 시무하였다. 5, 6십 리 내지 100리 길을 자전거를 타고 심방했는데, 6·25 때 공산당에 의해 희생 순교했다.

순교자 서경연의 두 아들 서동원, 서동준도 목사직을 계승했고, 손자 중에 서충성, 서양선, 서화평, 서자선 등이 목사가 되어 선열의 뜻을 계승하였다.


## 2) 송화군 도은리교회와 석탄교회 시무

도은리교회는 송화군 상리면 도은리(양지동, 현재 황해남도 과일군 수풍리)에 있었고, 석탄교회는 송화군 천동면 석탄리(현재 황해남도 과일군 포구리)에 있었다. 이 두 교회는 둘 다 면사무소 소재지에 있는 교회요, 창립연도도 전후하여 설립되었고, 교세도 서로 비슷하여 쌍둥이 교회라는 별명이 있었다.

이 두 교회는 봄·가을로 열리는 야외예배(野外禮拜)도 언제나 연합으로 모였고, 또 부흥(復興) 사경회(査經會)를 해도 교인들이 서로 왕래하며 교회 봉사를 했기에 이웃 교회에서 부러워할 정도로 좋은 교회로 이름을 날렸다. 그런 관계였기에 목사(또는 조사) 한 분이 두 교회를 동시에 시무했다. 단독으로는 교역자 생활 부담도 힘들었고, 또 당시 실정으로 목회하는 교역자들이 적었기 때문에 동사(同事) 시무가 예사였다. 허응숙 조사도 이 두 교회를 동시 시무했기에 함께 소개한다.

도은리교회는 1907년 6월 1일에 전도자 김정섭이 전도하여 시작되었는데, 김영준과 송병환이 먼저 믿고 열심히 교회를 봉사했다. 교회가 날로 부흥되어 창설 교인인 송병환이 장로로 장립받고 당회가 조직되었다. 뒤이어 장로들을 세웠는데 그 이름은 다음과 같다.

송재환(1915년 장립), 정기영(1918년 11월 11일 장립), 정곤섭(1921년 장립), 송재찬(1929년 12월 25일 장립), 이면제(1935년 12월 15일 장립), 이동오(1943년 8월 15일 장립) 등이 연차적으로 장립받고 열심히 헌신함으로 교역자의 목회를 보필했다.

초창기에 윤두환 조사(후에 남한에서 목사됨)가 시무했고, 그 다음에 1925년부터 허응숙 조사가 시무했다. 허 조사가 시무할 당시는 교회가 한창 성장하는 시대여서 수월하게 시무했다. 그 당시 허 조사는 평양신학교 재학 중이었으나, 농촌 목회에 전념하다 보니 1년에 한 학기 또는 해를 건너기도 했기 때문에 신학교 졸업이 늦어졌다.

허 조사 이후에는 박성겸 목사, 방학성 목사, 임채윤 조사(월남 후 목사됨) 등이 시무했다.

석탄교회

도은리교회에서 많은 인재가 양성되었는데, 목사가 된 분은 송영호, 송재우, 여준성, 이정욱, 이순영, 이광희, 박황우 등이며, 이동오, 오광호 등이 장로가 되었다.

석탄교회는 1902년 10월 2일에 창립되었다. 처음에 이웃 마을 덕안리교회로 출석하여 예배하던 교인들이 숫자가 늘어나서 독립한 것이다. 덕안리교회는 송화군에서 가장 먼저 1890년에 창립된 교회로 전도열이 강하여, 이웃에 여러 교회를 개척하여 설립하였는데 석탄교회도 그 가운데 하나이다.

시무 교역자는 윤문옥 목사, 서경연 목사, 김덕모 목사, 임익재 목사, 정창원 목사, 송영호 목사, 양계성 조사(남한에서 목사됨) 등이 시무했는데 허응숙 조사는 1925년대에 시무했다. 이 가운데 서경연, 임익재, 김덕모, 정창원 등 네 분 목사가 6·25 중에 순교했으니, 참으로 귀한 교회이다.

허응숙 조사는 이 두 교회에서 2년 간 시무했는데, 임시직인 조사였기 때문에 위임 시무는 아니었다. 목회 실적이 드러나 여러 교회에서 경쟁적으로 청빙하기 때문에, 한 교회 시무가 오래되지 못하고 시무한 교회가 여러 곳이 되었다.


### 3) 송화군 칠정교회와 수사교회 시무

칠정교회(七井敎會)와 수사리교회는 황해도 송화군 하리면에 소재한 교회들로서, 두 교회 모두 역사가 꽤 깊다. 송화군에 제일 먼저 교회가 선 곳은 진풍면 덕안리교회이고, 송화군청 소재지인 송화읍교회는 1898년, 칠정교회는 8년 뒤인 1906년에 세워졌다.

칠정교회가 있던 하리면 청량리는 구월산의 지맥인 약산 밑에 있는 동네인데, 주위에 자연 경치도 아름답거니와, 특히 맛 좋고 시원한 샘물이 많이 나오는 곳이다.

물맛이 제일 좋은 샘은 동민들이 식수로 전용하기 때문에, 아침저녁 식사 때면 물동이를 인 동네 아낙네들의 행렬이 진풍경이었다. 두 번째 샘도 수량이 풍부하여 통나무로 용의 모양을 만들고 그 용의 입을 통해서 물이 쏟아져 흘러 떨어지게 했는데, 이런 시설을 황해도 지방에서는 '덕수'라고 불렀다. 일종의 인공폭포이어서 그 물을 맞으며 목욕하는 즐거움도 여름철의 최고일뿐더러 건강에도 도움이 되어, 찾는 이가 제법 많았다. 그 밖에도 샘이 다섯 개나 더 있어 동네 이름이 '칠정(七井)'이다.

칠정(七井) 바로 이웃 동네가 '오정(五井)'이고, 또 다른 이웃 동네 이름은 '소천'이다. 소천 냉천은 소화불량에 특효라고 하여 많은 환자들이 찾아들었다. 이 지방의 지하수가 이 정도로 유명하였다.

이 고장에 풍천읍교회 임우수 장로가 전도하여 김창수, 김용국 등이 풍천읍교회로 다니다가 점차 교인이 증가하여, 1906년에 독립된 교회가 되었다.

이 교회에 허 조사가 시무한 시기가 1929년 전후이다. 그의 시무 시절에 교회가 크게 부흥되었고 더구나 여성도들의 헌신이 현저했는데, 그들이 '성미회(誠米會)'를 조직하여 교회 봉사에 주역을 담당했다. 운영 재정은 물론 교회의 대소사에 크게 도움이 되었다.

성미(誠米)란 정성스러운 쌀로, 하나님께 드리는 쌀이기에 거룩한 쌀이기도 하다. 부인들이 각 가정에서 아침저녁 밥을 지을 때 가족 식구 수대로 한 사람에 한 숟갈씩 따로 떠서 모아 두었다가, 주일이면 교회에 가져다 바쳤다. 가족이 먹는 쌀 중에서 한 숟갈이지만, 사람이 먹기 전에 하나님 잡수시라는 뜻에서 먼저 덜어 놓는다는 귀한 뜻이다. 별도로 쌀을 내지 않고 이미 가족들이 먹을 분량을 쌀독에서 꺼낸 것 중에서 덜었으니 따로 성미를 위해 쌀을 내지 않기 때문에 아까울 것도 없고, 심지어는 불신(不信) 시어머니도 자부의 성미하는 원리를 깨닫고 이해하며 반대하지 않았다.

성미 제도가 물론 칠정교회에서 창안된 일은 아니지만, 허 조사 시무 시절 성미회 활동이 활기를 띠었기에 타에 모범이 된 교회가 되어서 더욱 아름답다.

칠정교회는 1921년에 여운남 씨가 장로가 되어 당회를 조직했으며, 뒤이어 1934년에는 허 목사와 사촌간인 허간용(許侃龍) 씨가 장로가 되었다. 그는 일본에 유학 다녀온 민족주의자요 애국자로서, 조국이 광복된 뒤에는 입법의원(立法議員)으로 활동하였다. 시무 교역자는 허웅숙 조사 외에도 이창실, 김덕모, 방학성, 이동호, 장형일 목사 등인데 이창실, 김덕모, 장형일 목사 등은 6·25 전쟁 당시 공산당에 의해 희생되어 순교하였다.

수사리교회는 전도인 장덕상(후에 목사됨)에 의해서 복음이 전해졌고, 창설 교인 여승홍 씨는 후에 장로가 되어 교회 봉사에 전념했다. 그는 몹시 가난한 살림이었으나 예수를 믿고 난 후에 물질적으로도 많은 축복을 받아, 타에 모범이 되어 무언의 생활 전도자가 되었다.

허 조사가 이 교회를 시무하면서도 역시 '성미회' 운영을 잘하여 교회를 크게 부흥시킨 계기가 되었다. 허 조사가 이곳에서 시무하는 어간에 장남 태형은 풍천읍교회에서 운영하는 양재학교에 다녔으며 그는 후일에 장로가 되어 여러 교회에 크게 봉사했다.

### 넥타이 차림으로 자전거를 타고 심방 다니셨던 아버지

아버지가 수사리 남쪽 조석훈 목사네 동네에 산내교회를 세웠다. 산내면에서 고산령 고개를 넘어 다녔는데, 산길이 높아서 고산령이라 했다지만, 고사리가 많아서 고살령이라고도 불렀다.

아버지는 세 교회를 담임하셨으므로 자전거를 타고 오가면서 목회하였다. 산내에서 접착식 카라에 넥타이 차림으로 자전거 타고 내려오다가, 바람결에 카라와 넥타이가 돌아간 것도 모르고 신나게 달려, 동네 사람들이 보고 웃었다고 한다.　　－ 작은아들 허태룡

### 조선신문에 소개된 할아버지

송화군 하리면은 할아버지가 비교적 오래 목회하셨던 곳이기에, 우리 집안에는 고향같은 곳이기도 하다. 어린 시절에도 칠정 이야기를 많이 들었으며, 북한에서 마지막 목회하셨던 덕안리교회는 송화군에서 가장 먼저 세워진 모교회이기도 하다. 이 동네는 여씨 집성촌이어서 칠정교회 교인 가운데 여씨들이 많았는데, 할아버지가 칠정교회를 떠난 지 2년 뒤에도 하리면장 15주년 기념식에 초청받아 사회를 본 기록이 아래 『조선신문』 기사에 보인다.

－ 손자 경진

### 송화군 하리면에서 면장에게 근속 15년 기념품을 주다

송화군 하리면 면장 여중필(呂仲弼) 씨는 다이쇼(大正) 6년 면제도(面制度)가 시행될 당시에 면장에 임명된 뒤부터 사무를 쇄신하여 면민들의 복리(福利)를 증진시키기 위해 예의 노력하여 금일에 이르렀다.

허 목사가 면장 근속 15주년 기념식 사회를 보았다고 보도한 『조선신문』

면내 유지 하용국 조문래 씨 외 20명이 축하회를 발기하여, 지난 5월 17일 오후 2시에 동면(同面) 사무소 광장에서 여중필 면장 근속 15주년을 거행하였다. 회중(會衆)이 300여 명이나 모였으니, 하리면 같은 벽지 마을에서는 근래에 보기 드문 성황이었다.

기념식은 허응숙 씨의 사회사(司會辭)로 시작하여, 기념품으로 진유제(眞鍮製) 정반기(淨盤器) 1조(組)를 증정하고, 면민 대표 장형일 씨, 내빈(來賓) 신(申) 송화 군수(松禾郡守), 장(張) 본도(本道) 직탁(職託)의 축사 뒤에 폐회하였다. 축하잔치로 자리를 옮겨, 읍장과 면장들이 축배를 들었다.

– 『조선신문』 1932년 5월 25일 자 기사

## 4) 은율군 계림교회 시무

은율군은 황해도 북서부에 있는 군으로, 동쪽은 안악군, 서쪽은 풍천, 남쪽은 신천군, 그리고 북쪽은 서해 바다와 이어져 있다. 계림교회는 은율군 남부면 계림리에 있었는데, 남부면은 구월산 주가봉으로부터 상봉 분수령을 따라 남쪽으로 수레넘이까지가 동쪽이고, 묵산 월계산에서 구왕산 분수령을 따라 남쪽, 서쪽을 이루고, 구월산에서 흐르는 맑고 달고 또 아름다운 시냇물이 흘러내려 봉암리 산동리, 고인돌 벌을 돌아 서해로 들어가는 경치 좋은 고장이다.

1898년 이 마을에 처음 전도한 이는 미국 북장로교 선교사 헌트(W.B.Hunt, 한위렴)와 우종서 전도인이다. 헌트가 1897년 한국에 와서 황해도 각지를 순회하며 전도하다가, 황해도 재령에 선교부가 설립될 때(1905) 책임자가 되어 본격적으로 활동하였다.

남부면에는 정씨 가문이 제일 번성하여 주도적 위치에 있었고, 그 외에 박씨와 김씨가 많이 살았다. 제일 번창한 정씨 문중에서 먼저 신자가 생기기 시작했고 후대에 정씨 문중에서 많은 목사가 배출된 것도 당연하다.

허응숙 조사는 1930년에 부임했는데, 이웃에 있는 누리교회(일도면 누리 소재)와 가당교회(이도면 가당리 소재) 등 세 교회를 순회하며 목회했다. 3개 면에 흩어져 있는 세 교회를 자전거를 타고 다니면서 목회한 것이다.

누리교회는 1905년에 창립된 역사 깊은 교회요, 가당교회도 1913년에 창립된 교회였으며, 이 세 교회의 교세도 비슷했다. 이 교회들을 시무하면서 인재 양성에 주력했기 때문에 후일에 많은 성직자(목사, 장로)들이 배출되었고, 이들이 6·25전쟁으로 월남하여 대한민국에서도 크게 활동하며 헌신하여 교계에 크게 공헌했다.

## 큰동생 백도 허성묵의 순국과 맏아들의 평양사범 입학

일본 경찰이 집요하게 추적하자 신민부의 독립운동 활동은 위축되어 일부 세력이 하얼빈을 거쳐 치치하얼 쪽으로 밀려났다. 기관지 『신민보(新民報)』의 주간이었던 허성묵은 인쇄시설을 옮겨가면서 『신민보』를 계속 간행하였는데, 일본의 폭압적인 식민지배를 신랄하게 비판하는 고향 장연군의 후배 소설가 강경애(姜敬愛)의 사설을 게재하였다가 일본 경찰의 긴급 수배를 받고 피신하였다. 그러나 배신자의 밀고를 받고 추적한 일본 경찰에게 결국 체포되었다.

허성묵은 신민부의 중요한 인물이어서 체포되거나 재판받는 소식이 신문에 자주 실렸다. 1927년 5월 7일(토) 자 『매일신보』에는 이런 기사가 실렸다.

지난 사월 중순 하얼빈에서 신민부 관계자가 중대 음모를 하고 있다가 발각 체포되어 곧 신의주경찰서로 압송되어 와서 이래 엄중한 취조를 받고 있던 아홉 명은 그동안 취조를 마치고 수일 전 일건 기록과 함께 모두 신의주 지방법원 검사국으로 넘기었는데, 경찰의 의견서에 나타난 그들의 죄상은 대략 다음과 같다.

허성묵은 대정 10년(1921) 7월에 해주지방법원에서 제령위반(制令違反) 죄로 징역 6개월을 받은 전과자로, 대정 14년(1925) 봄 길림성 직릉현 구참(稷稜縣九站) 사립 조선인학교 안에서 조선○○을 목적으로 하는 신민부(新民府)라는 단체를 조직하고 『신민보(新民報)』라는 불온문서를 발간하여 비밀히 조선 안으로 보낸 일이 있었고, 또 작년 가을에는 중동현 홍릉진(中東縣興稜鎭)의 예수교회를 공산제도의 단체로 개혁하기를 그 동지들과 협의한 후 위원을 선거하여 노농노국(勞農露國)과 광동국민정부(廣東國民政府)에 보내어 노국과 국민군을 배경으로 하고 활동하여 보려는 꿈같은 계획을 하였고 ….

허성묵이 중심인물이었으므로 가장 자세하게 소개했는데, 신민부의 선전부장이자 교육위원장이었으므로 『신민보』를 간행하여 국내외에 배부하고, 사립 조선인학교를 설립하여 독립정신을 고취한 것이 죄였다. 군자금이 부족하여 러시아 공산정부와 장개석(蔣介石)의 국민정부에 외교원을 보낸 것도 죄가 되었다.

몇 차례 재판을 거쳐 8월 18일 자 『매일신보』에 「신민부원 판결 매우 관대해」라는 제목과 함께 허성묵 징역 3년, 김병희 1년 반, 기타 8명에게는 집행유예를 언도하였다고 보도하였다.

독립운동사에는 허성묵이 징역을 살다가 감옥 안에서 순국(殉國)하였다고 소개되었지만, 실제로는 모진 고문을 받다가 세상을 떠날 상황이 되자 일본 경찰에서 순국 직전의 허성묵을 가족에게 인도하였다.

치료받을 병원도 돈도 없는 만주 땅에서 허성묵이 1931년에 순국하자 가족들이 은율에서 목회하던 허 목사를 찾아 귀국하였다. 허 목사는 동생의 가족들에게 송화에 집을 구해주고 살림을 차려주었는데, 오랫동안 만주 생활에 몸이 밴 제수는 황해도식의 살림이 서툴러 곧바로 빈손이 되고, 허 목사는 다시 살림을 차려주었다.

동생의 가족들이 귀국하던 시기에 맏아들 태형이 중학교에 입학 시험을 치르려 했는데, 동생 가족들에게 살림을 차려주는 바람에 많은 비용이 들어 중학교 입학을 1년 늦추었다. 그러나 1년 뒤에도 중학교 학비를 부담할 정도로 살림이 회복되지 않아, 맏아들은 결국 국비로 교육받던 평양사범학교에 입학하였다. 허태형 장로는 평양사범학교를 졸업하고 국민학교 교사로 부임하였는데, 제자들 가운데 뒷날 여러 명의 목회자가 나왔다.

## 5) 은율군 내동교회 시무

만성은 1932년부터 은율군 이도면 지내리에 있는 내동교회를 시무했다. 내동교회는 지명 따라 지내리교회라고도 했다. 1905년에 이웃 동네인 고현교회가 먼저 창립되고, 1906년 3월 5일에 내동교회가 창립되어, 이웃 형제교회 또는 쌍둥이교회라고도 했다. 교역자도 한 분이 두 교회를 함께 시무한 때도 있고, 야외예배 때나 부흥회 때는 언제나 연합으로 모였다. 장흥섭, 흥무, 흥국 등 3형제가 가장 먼저 믿었다.

지내리에 소재한 송관산에는 옛날부터 조선왕조 말년까지 나라에서 향품(香品)을 내려보내 국조(國祖) 단군(檀君)에게 제사드리는 아사달 송관단이 있었다. 조상에게 제사드리던 민족 제단 터에 하나님께 제사드리는 교회가 창립된 것은 하나님의 오묘한 섭리이다.

교세가 부흥됨에 따라 교육기관으로 교회 부속 사립학교인 '은실학교'를 설립 운영했는데 이웃동네인 별기동교회의 '숭실학교'와 나란히 쌍둥이 학교로 잘 운영되었다.

시무교역자로는 신종각 전도사와 이지양 목사(고현교회 겸무)가 시무한 뒤에 허 목사(당시 조사)가 시무했다. 후임으로는 박치순, 유종복 조사들인데 박치순 목사는 월남하여 서울 해방촌교회를 시무하며 총회장을 역임했고, 유종복 목사는 공산 치하에서 희생 순교했다.

만성이 시무하는 동안 점점 부흥되어 오리포와 조양동에 처소회(기도처)를 두었는데, 그 후 오리포교회는 단독교회가 되었으나 조양동에서는 열매를 맺지 못하고 말았다.

내동교회 출신 가운데 박영식은 월남 후 목사가 되어 송탄제1교회를 시무하면서 합동신학 측 총회장과 인천여자신학교 교장을 역임했고, 그의 아들 박병은과 박병선이 모두 목사의 성직을 계승하였다.

그 외에 박용준(망우리교회 목사), 정영복(부림교회 목사, 서서울 노회장), 김상근(은일교회 목사), 김광규(봉일교회 목사) 등, 내동교회 출신 중에 성직자가 많이 배출된 것은 만성이 내동교회에서 목회하는 동안 청년들의 신앙훈육을 잘한 결과라고 하겠다.


## 6) 은율군 율리교회 시무

만성은 1932년에 은율군 이도면 지내리에 있는 내동교회를 시무하면서, 은율군 장련면 율리에 있는 율리교회도 겸하여 시무했다. 장련읍에서 6km쯤 떨어진 황해 명산 구월산 밑이다. 숲이 우거진 산촌으로, 온 동네에 밤나무(栗木)가 무성하여 동네 이름이 밤골(栗谷)인 까닭에 '율리(栗里)'라고 표기한다.

장련팔경(長連八景) 가운데 제5경이 '율동폭포'다. 은율읍에는 용연폭포가 있고, 장련 지방에는 율동폭포가 있어 은율군의 쌍폭(雙瀑)을 이룬다.

율동폭포는 구월산에서 흐르는 물이 암석 계곡 사이를 흐르다가 율동에 이르러 20여m 내려앉은 바위틈 사이로 떨어지는 그 모습도 장관이지만, 이 폭포수를 맞으면 신경통, 요통, 견비통 등 여러 통증(痛症)이 낫는다는 전설 때문에 많은 사람들이 일부러 찾아온다. 먼 곳에서도 아낙네들이 소달구지에다 바닥에 멍석을 깔고 위에는 보전으로 해가리우기 장치를 한 달구지에 20여 명씩 타고 온다. 이 폭포수 물맞이하는 것을 황해도 사투리로 '덕수맞는다'고 하였다.

절벽 사이로 떨어지는 폭포수 모습은 음침한 기분이어서 여자들이 들어가기를 꺼렸으며, 일부 전설에 의하면 산명에(산을 지키는 구렁이 뱀. 속칭 산신령님)가 나온다는 풍문 때문에(예쁜 여자들이 맨몸으로 물 맞으러 들어오면 잡아먹는다는 전설) 한두 사람이 들어가지 않고 여럿이 함께 들어가 폭포수를 맞았다. 한편, 사나이들은 '담력'을 키우는 도장이라고 불렀다. 바로 이 폭포가 율리교회 지척에 있어서 예배당에서도 물 떨어지는 폭포수의 소리를 들을 수 있었다.

장련읍교회(1904년 창립)를 담임하고 있던 오순형 목사가 이 동네에 왕래하며 전도하여 교회가 설립되었다. 첫 신자는 이창범이었고, 몇 사람의 신자가 생겨 장련읍교회에 다니다가 1918년경에 율리교회가 창립되고, 1920년에 이창범, 배윤국이 집사가 되었다.

오순형 목사는 당회장으로 순행했고, 허웅숙 조사가 시무하던 시절이 가장 부흥되던 때였다. 어디서나 그러했듯이 청년 인재 양성에 힘썼기에 후일 율리교회 출신 성직자가 많이 생겼다. 이순영(수원중부교회 시무, 수원노회장 역임), 이찬영(서울 성덕교회 시무, 장로회 총회장 역임), 배재운(광인제일교회 시무, 총회장 역임), 김덕원(예수구원선교회 회장, 황동노회장 역임), 김성식(러시아 선교사), 배영도(관기교회 시무) 목사 등과 이창원(이찬영 목사 부친), 배경서, 배태양, 이찬일, 이찬주, 이성학, 배웅금, 배웅섭, 배재인(전도사) 등 많은 전도사, 장로들이 나

율리교회

왔는데, 이 모든 일꾼들이 대개 허 조사 시무 시절에 키우던 신앙의
후배들이었다. 필자가 8세 되던 해에 우리 교회에 오셨으니, 나는 만
성이 율리교회에서 배출한 막내 성직자인 셈이다.

　허 조사 후임으로 임채윤(후에 한성교회 시무, 수도성경학교 교장, 수
도노회 회장) 조사와 방학성(김제 명랑교회 시무, 김제노회장 역임) 목사
등이 계속 시무했다. 박성겸 목사도 시무했는데 그는 후일 월남하여
금성교회를 시무하며 총회장을 역임했다.

　교회 구내에 융진학교가 있었고, 학교 처소지에는 이창원 영수가
설립한 농무학원(農務學院)이 있어서 인재양성에도 전력했다.


## 7) 안악군 용산교회 늑동교회 시무

　용산교회는 황해노회 소속 안악시찰 관내인 안악군 대행면 생근
리에 있던 교회로 1907년에 창립되었다. 안악군은 황해도 북서부에
있는 군으로, 일찍부터 많은 민족 지도자들이 배출되던 고장이자 기

독교의 선구적 선교지역이었다.

1889년에 미국 북 장로교 리(G.Lee, 이길함) 선교사가 순회전도를 시작하였는데, 한국인 조사 한치순이 리 선교사를 도와 큰 몫을 담당했다. 안악군에서 1890년에 대동교회(서하면 상촌리 소재)가 가장 먼저 창립되었고, 1893년에 안악읍교회가 창립되었다.

용산교회가 소재했던 대행면에는 좀 늦게 전도되어서 1907년에 창립되었는데, 평양신학교 제1회 졸업생이 나와서 목사 안수를 받고 (7명) 독노회가 조직된 경사스러운 해였다. 이해에 한치순 전도인의 전도로 대행면에 첫 교회가 생겼는데 이것이 용산교회이다.

용산교회는 창립 이후 큰 시련이나 핍박이 별로 없이 잘 자랐다. 이 교회에 허 목사가 1935년에 부임하여 교세가 부흥되었다. 이웃 동네에 열심히 전도하여, 부둔교회(대행면 적둔리), 제도교회(대행면 제도리), 한봉교회(대행면 한봉리), 만풍교회(대행면 생근리), 광풍교회(대행면 광풍리), 풍곡교회(대행면 풍곡리) 등이 모두 용산교회에서 전도하거나 분립하여 새로 설립한 교회들이다. 용산교회는 대행면의 어머니 교회일뿐더러, 그 지방의 중심교회로의 사명을 잘 감당하였다. 이 모든 일이 허 목사의 목회 실적이다.

용산교회는 인재 양성을 위하여 덕성학교를 운영하였는데, 교장은 류형근, 류필근, 류영근, 류경묵 등 여러분이 봉직했다. 이 동네는 문화 류씨들이 대부분 살고 있어서 류씨 가문에서 선두로 신앙생활들을 모범적으로 했기에 교회 부흥에 큰 도움이 되었다.

1927년 6월 8일에 류운철 씨가 장로 장립을 받아 당회가 조직되었고, 허 목사 봉직시인 1938년 6월 10일에는 류용근, 김정순 양씨가 장로 장립을 받았다. 시골교회에 장로 3명이 있었던 것으로 미루어 상당히 교세가 좋았던 것으로 간주된다.

허 목사의 목회의 감화를 받은 청년들이 그 후 신학교를 마치고 남한에서 목사로 활동한 분들이 여러 명인데, 류영근, 류삼근, 류백근, 류근철 등 류씨 문중에서 목사가 여러 분 배출되었다.

허 조사는 용산교회를 시무하는 한편 제도교회도 겸하여 시무했다.

제도는 대행면 동부 끝에 있는 작은 항구 마을이다. 지역적으로 대동강 하류에 있어서 건너편에 평안남도 진남포가 있기 때문에 정기 연락선이 왕래하여 실제적으로 황해도의 관문이었고, 황해도와 평안도를 연결하는 요지였다. 이곳에는 일본인 지주 가토(加藤)의 소유인 광대한 농장이 있었는데, 생산되는 양도 엄청나거니와 그 쌀의 질이 또한 좋았다.

6·25 전쟁 당시에 불법 침략해 온 중공군이 황해도로 침입하려고 야간에 도강작전(渡江作戰)을 시행했는데, 당시 서해안에서 용맹을 떨친 유격대 연풍부대(부대장-김종벽)가 이 정보를 파악하였다. 미리 강변에 매복 대기했다가 상륙하는 적군을 일망타진하여 전멸시키고 많은 무기를 노획하는 대전과를 올려 청사에 길이 빛나는 고장이 되었다.

교회 설립은 비교적 늦었으나 교통의 요지로 인구가 집중되고 허 목사의 열심 있는 목회 실적이 올라 교회가 비약적으로 부흥되어, 시무 장로는 김승용(후에 목사됨), 임재봉, 정관국, 홍태구 등 여러분이었다. 이 교회 출신 청년들 가운데 김승용, 김성묵, 김익수, 원성원, 강기홍, 홍태우 등이 후일 남한에서 목사가 되었다. 일제 말기라 교회 탄압이 더욱 가중되던 때이지만, 허 목사는 이를 잘 극복하며 교회를 부흥시켰다.

허 목사는 또 서하면 신장리에 있는 능동교회도 아울러 시무했다. 능동교회는 1933년 5월 3일에 창립되었으며, 시무 장로는 강춘건, 유찬유 두 사람이었다. 시무 교역자는 김종진, 장성칠 다음에 허 목사가 시무했고 후임으로 왔던 류창순 전도사는 6·25 때 순교했다.

허 목사는 목사 안수 이전부터 용산교회를 시무했고, 목사가 된 후에도 계속 시무하면서 제도교회와 능동교회도 시무했는데, 허 목사 자신이 기술해둔 사료에 의하면 만풍교회, 광풍교회, 난봉교회의 성전을 건축한 기록이 있다.

만풍교회는 대행면 생근리에 있었으며, 1937년 1월 2일에 창립되었다. 광풍교회는 대행면 광풍리에 있었으며, 1938년 8월 23일에 창립되었다. 한봉교회는 대행면 한봉리에 있었으며, 1936년 8월 14일에 창립되었다.


### 성찬식(聖餐式)에서 남은 떡과 포도주는 땅을 파고 묻었다

성찬식에 쓰는 떡과 포도주는 교회에서 직접 만들어 썼으며, 돈을 주고 사 오지 않았다. 성찬(聖餐)이라는 글자 그대로, 하나님의 음식이라고 생각했기 때문이다. 사용하고 남은 떡이나 포도주는 우리가 먹거나 남에게 주지 않고, 반드시 땅을 파고 묻었다.

아버지는 교회에서의 행동과 집안에서의 행동이 한결같아, 가식이 없었다. 가족들도 (목사의) 이중적인 행동을 느끼지 못했다.

아버지가 용산교회 목회하던 시절에 제직회 하는 것을 우연히 보았는데, 집사 한 사람이라도 반대하면 어떤 일도 결정하지 않았으며, 다수결로 밀어붙이지도 않았다. 반대하는 사람이 있으면 그의 마음을 풀어주려고 애썼으며, 목사의 의견이라고 고집하지 않았다.

집사 한 사람이라도 목사더러 교회를 떠나라고 하면, 정말로 떠날 생각을 가지고 목회하였다. 실제로 그런 일이 생기면, 아무 때라도 정말 교회를 떠났다. 어머니와 그런 이야기하는 것을 집안에서도 자주 들었다.

(나중의 일이지만 인천 제팔교회에서 목회할 때에 한 사람이 반대하여 사임하고, 고향 백령도의 진촌교회로 가셨다. 농촌 교인들이 줄어들어 목회자들이 섬에서 도시로 나오던 시절이지만, 아버지는 여전히 한 사람이라도 반대하면 떠났던 것이다.)

– 큰아들 허태형

## 용산교회 애국함 분실사건

왜놈들이 교인들더러 하나님께만 헌금하지 말고, 전쟁을 위해서 애국헌금도 하라고 강요하였다. 그래서 용산교회에도 애국함이 설치되었다.

아버지(허응숙 목사)는 3·1만세운동을 주도하여 투옥된 이후에도 요시찰 인물로 선정되어서, 형사가 자주 찾아왔다. 이 무렵에는 총독부가 강요하는 창씨개명이나 신사참배를 모두 목숨을 걸고 거부하였기에, 순사들이 이따금 설교를 트집 잡아 사리원경찰서 고등계로 소환하였다.

어느 날 용산교회에 설치된 애국함이 없어져 모두들 걱정하였다. 이번에는 무슨 트집을 잡을는지 알 수 없었다.

내가 어느 날 잠을 자다가 꿈을 꾸었는데, 교회 옆 밀밭 대여섯 고랑 너머에 내팽겨친 애국함이 보였다. 아침에 가보니, 정말 애국함이 있었다. 누군가가 애국함을 훔쳐다 돈은 꺼내고, 함은 열어젖힌 채로 밀밭 고랑에 내버렸던 것이다.

아버지에게 애국함을 가져다 보이고 꿈 이야기를 하자, 아버지가 애국함을 아궁이에 넣고 불살라 버렸다. 형사가 또 와서 추궁한 끝에 사리원서 고등계로 불려갔지만, 끝내 아무말 하지 않고 넘겼다. 우리 집에 이런 일은 자주 있었다. 하루하루가 살얼음을 딛는 것처럼 불안하게 살았다.

– 작은아들 허태룡

### 8) 평양신학교 졸업과 목사 장립

만성은 일찍부터 목회를 시작하며 처음에는 전도인으로 장연 서의동교회와 용연교회에서 시작하여, 송화읍교회와 문화읍교회를 시무했다. 교세가 약한 지방교회를 시무하며 이웃 마을까지 전도하는 까닭에 신학교를 계속 다닐 수 없어, 2년에 한 학기씩 다니다 보니 목사 안수를 늦게 받았다.

평양신학교에 입학하려고 선교사를 만나러 갔다가 1919년에는 신입생을 뽑지 않는다는 학교 방침 때문에 그해에 입학시험을 치르지 못했으며, 3·1만세운동에 앞장서서 활동하다 3년 동안 옥고를 치르느라 입학이 더 늦어졌다. 출옥 후 제19회 황해노회에서 신학교 입학지망생을 시취하는 중에 허응숙을 위시하여 정택현, 오윤호, 서경연, 백수련, 장응곤, 진학철 등이 신학교에 진학했지만, 이들 중에 만성이 제일 나중에 목사 안수를 받았다.

동기 가운데 백수련만 중간에서 탈락되고 나머지는 모두 신학을 마치고 목사가 되었다. 장응곤은 평양신학교 24회(1929년), 오윤호

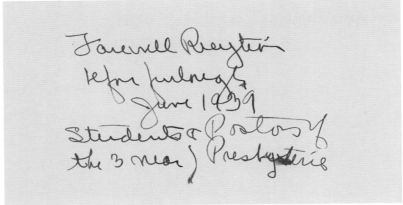

평양신학교 1939년 학생 송별회. 아래는 교장 모펫 선교사가 사진에 쓴 설명이다.
Moffett Korea Collection. Princeton Theological Seminary. Library. Digital Collections.

는 25회(1930년), 정택현과 진학철은 27회(1932년), 서경연은 32회
(1937년)인데, 허 목사는 34회(1939년)에 졸업했으니 신학수업과 목
사 장립도 '만성(晚成, 늦게 이루었다)'이다. 그중에 서경연과 진학철은

6·25를 겪으며 공산정권에 의해 순교하였다.

농촌과 연약한 교회를 시무하다 보니 학비 조달도 힘들었고, 신학교 수업 중에는 시무가 불가능했다. 지금처럼 교통이 편리하여 주일마다 교회에 돌아와 예배를 인도할 수 없기 때문에 기숙사에 머물며 공부했다. 그러므로 교회를 공석으로 두고 신학교 공부만 계속할 수 없었으니, 1년에 1학기도 어려워 2년 만에 1학기 공부하는 실정으로 18년 만에 졸업했다.

신학 졸업 후 제57회(1939년) 황해노회에서 목사 장립을 받았다. 함께 목사 안수를 받은 분은 강원모, 김효한이니 이들은 신학교 졸업 동창인데, 김효한은 함경도에서 목회 중 6·25 때 순교했고, 강원모는 월남하여 청평교회에서 목회하였다. 만성은 목사 안수를 받은 뒤에도 전부터 시무하던 용산교회에 계속 시무했다.

## 3.
### 목회 생활 수난기

### 1) 용산교회 계속 시무. 안악군 대동(大同)교회 시무

대동교회는 안악군 서하면 상촌리에 소재했었고, 현재는 황해남
도 은천군 남산리이다. 『장로회 사기 상권』 24쪽에는 안악군 내에서
안악읍(安岳邑)교회, 교동(橋洞)교회, 은흥면 덕산(德山)교회, 무석(武
石)교회, 안곡면 삼상(三上)교회 등 6개처 교회가 모두 1893년에 설
립되었다고 하였다.

최초 전도인은 한치순인데, 그는 재령 신환포교회 출신으로 이길
함 선교사에게 전도받아 예수를 영접하고 그의 조수로 많은 교회를
설립했다.

한치순의 전도를 받고 동네 주민 장석구, 장석규, 장석훈 등 3형제
와 그의 사촌 형제들인 장석주, 장석영, 장석두 등이 먼저 믿었다.

교회는 일찍 창립되었지만 별로 발전하지 못하다가, 1937년 12
월 11일에 장씨 문중에서 장재준(張世俊) 장로가 장립 받았다. 마펫
(S.A.Moffet. 당회장 순행)을 위시하여 이원형, 조봉하, 허응숙 목사 등
이 목회하였다.

장석규의 아들 장능준은 서울 경신학교를 마치고 고향으로 돌아

와서 대동촌에 양산북(楊山北)학교를 설립하고 교사 일을 보았다. 그의 아들 장성칠(張聖七)은 월남하여 목사가 된 뒤에 서울 서대문교회를 장기 목회했으며, 제60회 장로회 총회장을 역임했다.

## 둘째 아들의 안악중학 입학과 허 목사의 만주 여행

둘째 아들이 중학교에 갈 나이가 되어도 살림이 크게 나아지지 않자, 허 목사는 고향에 있던 논밭이나 과수원을 팔아서 학비를 대어야겠다고 생각하였다. 그러나 고향의 땅은 동생들과의 공동 재산이라고 생각하여, 만주에서 활동하던 작은 동생 성민을 찾아가 의논하였다. 동생이 "조카의 학비를 댈 테니 고향 땅을 팔지 말라"고 하여 현금으로 입학하였다.

오른쪽 학생이 작은아들 태룡

작은아들 태룡이
입학한 안악중학

## 만주에서 살던 집에 찾아오신 큰아버지

내가 만주에서 유치원에 다니던 시절에 큰아버지가 고향에서 오셨다. 하루는 유치원에 다녀왔더니, 어머니와 아버지가 집을 깨끗하게 청소하고, 이것저것을 사 오시며 분주하게 집안을 치우셨다.

나는 누군가 높은 분이 오는가 생각하여 "덴노하이까가 우리 집에 오는 거야요?" 하고 물었다. 내가 알던 가장 높은 사람이 바로 덴노하이까(일본 천왕)이었다.

이튿날 큰아버지가 황해도에서 우리 집에 오셨다. 무슨 이야기를 하시는지 알 수 없었는데, 나중에야 어머니에게서 "작은오빠의 중학교 입학과 과수원 이야기를 하러 오셨다"는 말을 듣고 사정을 알았다.

– 4녀 태신

## 부흥회를 다녀올 때마다 할아버지를 찾아와서 잡아가던 순사들

평양사범학교를 졸업하신 아버지가 평안도에 교사로 부임하게 되자, 할아버지께서 맏손자인 나를 데리고 사셨다. 1940년대 초반, 내가 유치원에 입학하기 1년 전부터 기억이 또렷하다.

할아버지는 안악에 있는 용산교회를 시무하셨는데, 황해도에는 교인이 많아서 면(面)뿐만 아니라 리(里)에도 교회가 세워졌지만, 목사 없는 교회가 많았다. 할아버지가 시골에 있는 여러 교회들을 순방하거나 부흥회를 마치고 며칠 만에 돌아오시면, 긴 칼을 찬 일본 순사들이 구두를 신은 채로 교회 사택에 들어와 할아버지를 무조건 잡아가셨다. 지서에 끌려가셔서 무슨 일이 있었는지, 나는 너무 어려서 알 수 없었다.

할아버지는 나를 끔찍이 사랑하셔서, 식사 때마다 늘 겸상을 하셨다. 시골 교회는 목사 사례비가 적어서 그랬는지, 할머니가 늘 길쌈을 하셨다. 물을 끓여서 누에고치를 삶고, 누에를 종아리에 비벼서 실을 만드셨다. 옆에서 구경하노라면 번데기는 언제나 내 몫이었다.

용산교회 사택은 교회 옆에 있는 기다란 함석집이었는데, 한여름에 할아버지가 교인들을 심방하고 돌아오시면 할머니가 깊은 우물에서 찬물을 길어다가 쌀밥에 말아 드렸다. 반찬이라곤 구운 갈치 한 토막과 김치뿐이었는데, 할아버지는 그때부터 평생 물밥에 설탕을 넣어 드셨다. 나는 겸상했지만, 설탕을 넣어 밥을 먹는 습관은 다행히도 배우지 않았다.　　　　　　　　　　－ 손자 경화

## 신사참배에 구경갔다가 종아리를 맞다

용산교회는 높은 언덕 위에 있었고, 내가 다니던 유치원은 사택에서 신작로를 한참 걸어가는 곳에 있었다. 하루는 유치원에 일찍 갔더니 문이 열려 있지 않았다. 그랬더니 나이 많은 친구가 나를 어디론가 끌고 갔다. 가보니 신사(神祠)였다. 나는 몰랐지만, 그 친구는 모찌떡을 얻어먹으러 갔던 듯하다.

유치원 아이 둘이서 뒤에 서서 구경했더니, 일본 순사가 와서 앞으로 끌고 갔다. 그래서 우리는 꼼짝없이 끝까지 구경했다.(남들처럼 절을 했는지는 기억나지 않는다.)

결국 유치원에는 지각했는데, 이상하게 생각한 선생님이 할아버지에게 "손자가 오늘 유치원에 지각했다."고 알려드렸다. 저녁에 할아버지께서 "오늘 낮에 무슨 일이 있었느냐?"고 물어보셨다. 나는 감추지 않고, 친구 따라 신사에 구경갔다고 말씀드렸다.

"네가 하나님을 믿고 교회에 다니는 아이인데, 일본 귀신에게 절했단 말이냐? 종아리를 걷어라."

나는 할아버지가 나를 세상에서 제일 사랑하신다고 생각했는데, 그날은 사정없이 종아리를 때리셨다. 그날 몇 대를 맞았는지 모르지만, 울지도 못하고 꾹 참았다.

80년 된 지금까지도 그날의 기억이 또렷하다. 아픈 기억은 다 없어지고, 일본 귀신을 믿지 말라는 할아버지의 가르침은 평생 내 신앙의 교훈이 되었다. 지금도 거실에 할아버지 사진을 걸어놓고, 아침 저녁으로 드나들 때마다 할아버지 모습을 본다. 천당에 가서 기쁘게 만날 날을 손꼽아 기다린다.　　　　　　　　　- 손자 경화

## 2) 안악군 저도(猪島)교회 시무

저도교회는 황해도 안악군 대행면 저도리에 있었는데, 현재는 황해남도 은천군 저도리이다. 1936년 4월 1일에 창립되고, 김승용이 1939년 4월 7일에 장로로 장립되었으며. 후에 월남하여 목사가 되어 서울 승인교회를 시무하였다. 허응숙 목사는 1941년에 서하면에 있는 능동교회와 동시 시무했다.

출신 목사 : 김승용, 김성묵(춘천제1교회, 강원노회장 역임), 김익수, 원성연(서울 상계중앙교회), 강기홍(전주 북문교회), 홍태우(인천 제물포교회, 인천노회장 역임)

## 3) 안악군 능동(勒洞)교회 시무

능동교회는 황해도 안악군 서하면 신장리(新長里)에 있었고, 현재

는 황해남도 은천군 복두리(卜頭里)이다. 창립연도는 1933년 5월 3일
이다. 장로는 강춘건(姜春建), 류찬유(柳贊裕) 두 분이다.

역대 교역자 : 김종권 전도사, 장성칠, 허응숙, 류창순(6·25 때 순
교) 목사 등이다.

허 목사는 1941년 제도교회와 동사 목사로 두 교회를 시무하다가,
조선총독부의 신사참배를 반대하며 교회시무를 끝내고 송화군 율리
면 산중에서 은둔 생활을 하였다.(1943~1945)


## 4) 신사참배를 거부하고 율리면에서 은거하다

허 목사는 18년 만에 신학교를 졸업하고 목사 안수까지 받았으니
더욱 목회에 전념하려는 참인데, 일제는 한국 기독교를 말살하려고
드디어 우상숭배인 신사참배(神社參拜)를 강요하기 시작하였다.

선교사들은 신사참배를 반대하면서 숭실학교를 폐교하는 등 단호
하게 맞서다가 강제로 출국당하였다. 교단 차원에서는 천주교와 감
리교가 먼저 신사참배를 받아들였고, 한동안 반대하던 장로교단도
1938년 9월 제27회 총회 때 신사참배가 우상숭배가 아니고 국민의
의무라고 하는 친일파 목사들이 앞장서서 신사참배를 결의함으로
굴복되고 말았다. 미리부터 투쟁하던 주기철, 최봉석 목사, 박관준
장로들은 이미 투옥되었으며, 신사참배를 거부하며 목회하던 목사들
도 장로교 총회의 결의에 따라 신사참배를 하기 시작하였다.

대부분의 목사들은 교회를 비우거나 어린양들을 떼어 놓고 목사
혼자 신앙을 지키며 은거하는 것이 합당하지 않다는 명분을 내세워
서 신사참배를 하였다. 그러나 허 목사는 교회와 양들은 하나님께 맡

기고, 자신이라도 신앙의 절개를 지키기 위하여 은둔 생활을 결심하였다.

## 신사참배를 거부하다가 1943년 3개 교회 시무를 사면하다

조선총독부에서 세운 허수아비 교단인 일본 기독교 조선장로교단에서 목회자와 교인들에게 신사참배를 계속 강요하자, 할아버지는 결국 교회에 사면서(辭免書)를 제출하였다. 삼일만세운동 때 이미 신천군 문화읍 장날 만세운동을 주도하다가 체포되어 3년 동안 감옥 생활을 겪은 뒤에 줄곧 요시찰인물로 지목되었던 터라 목사 개인적으로는 신사참배를 거부하고 온갖 고생을 겪을 수 있지만, 교인들에게까지 신사참배를 거부케 하여 모두 순교(殉教)의 길로 끌고 갈 수는 없었던 것이다.

1943년 9월 21일에 간행된 『조선총독부 관보(官報)』 제4993호에 「포교 담당자 변경계(布教擔當者變更屆)」가 공고되었는데, 신임 담당자는 모두 창씨개명(創氏改名)한 인물들이다. 사면한 목회자 가운데는 창씨개명한 인물이 하나도 없는데, 관보에 기록된 순서에 의하면 공위량(孔韋亮)·허응숙(許應俶)·원춘도(元春道)·원경환(元景煥)·조봉하(趙逢夏)·정일선(丁一善)·이부서(李富敍)·이창실(李昌實)·림재형(林載衡)·김용승(金瓏承)·현태룡(玄泰龍)·이원민(李元敏) 목사 등 안악군·재령군·봉산군의 목회자들이 사임하였다. 공위량(孔韋亮)은 윌리엄 커(William Kerr) 선교사의 한국식 이름이다.

『조선총독부 관보』 기사에 의하면 할아버지는 이때 황해도 안악군에서 목회하였으며, 시무한 교회는 저도교회(저도리)·광풍교

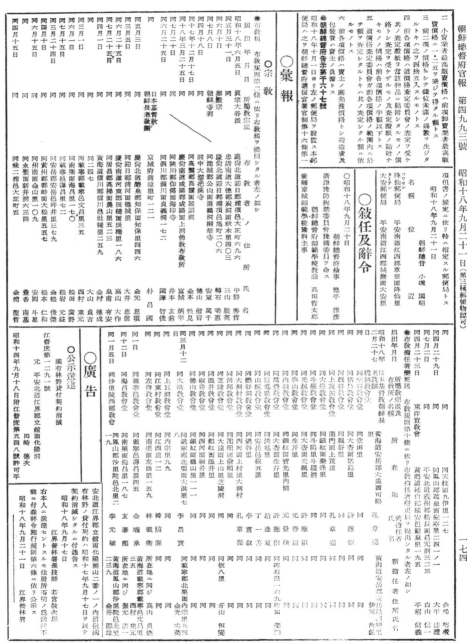

조선총독부 관보. 아래에 '허응숙'이라는 이름이 세 번 보인다.

회(광풍리)·만풍교회(생근리) 등인데, 서로 떨어져 있는 세 마을을 자전거를 타고 돌아다니면서 설교하고 교인들을 심방하며 목회하고 있었다. 이 교회들을 사임한 뒤에는 "허리가 아프다"는 핑계를 대고 과수원에 들어가 누워 지내며 신사참배를 계속 거부하였다. 조국과 교회를 위하여 기도하던 중에 8·15 해방을 맞이하였다.

관보(官報)에 보이는 교회들은 대부분 안악군에 있던 교회들인데, 이분들이 사임한 교회는 결국 일본인, 또는 창씨개명한 한국인 목회자들이 접수하였다. 한 사람이 열 교회나 접수한 것을 보면, 실제로는 대부분 교회들을 폐쇄하고 한두 군데에 교인들을 모아 예배한 듯하다.

같은 황해노회 출신 목사 가운데 김익두 목사(서울 승동교회 시무중)는 은율군 장련면 직전리 과수원에, 정일선 목사(안악읍교회 시무중)는 안악군 연등골 산중으로 피신하였고, 할아버지는 송화군 율리면 세진리 양의동 과수원에 은거하였다. 허리가 아프다고 늘 누워 지냈다. 세진리교회는 순교자 조석훈 목사와 누이 조순애 권사의 고향 교회이다.

원춘도 목사는 삼일만세운동에 참여했다가 투옥되어 옥고를 겪은 애국자로, 해방 후 풍천읍교회에서 목회하다가 순교하였다. 정일선 목사는 해방 후 평양 산정현교회에서 순교하였다. 이창실 목사는 삼일만세운동에 할아버지와 함께 투옥되어 옥고를 겪은 애국자로, 해방 후 사리원 남부교회에서 목회하다가 순교하였다.

- 손자 경진

## 신사참배를 거부하고 과수원에서 꿀벌을 치신 할아버지

초등학교 1학년에 입학해보니 막내 고모(수진 고모)가 6학년으로 한 학교에 다녔다. 평안도에서 교사를 하시던 아버지께서 "이제는 경화를 데리고 살겠다"고 데려가셨다. 학교 안에 있는 관사에서 3년간 살았다.

3학년이 되던 1945년 여름방학에 할아버지가 사시는 송화군 율리면 산내로 놀러 가기로 했다. 7월 25일에 방학하자 평양역에서 기차를 타려고 하룻밤 여관에서 숙박하는데, 갑자기 공습경보가 울려서 모두들 지하 방공호로 대피하였다. 나와보니 6세 되던 동생(경천)이 보이지 않아, 온 식구가 한참 걱정하며 찾아다녔다.

할아버지는 장로교 총회 총대가 아니어서 신사참배 투표에 참석지 않으셨지만, 장로교 총회에서는 이미 신사참배를 하기로 결정한 뒤였다. 할아버지는 신사참배를 거부하시고 총독부의 통고에 따라 시무하던 여러 교회를 모두 사임하셨는데, 조석훈 조사가 자기네 동네로 모셔갔다. 나중에 들은 이야기지만, 조석훈 조사가 "일본이 곧 망할 테니, 이곳에서 몇 년 기도하시면서 과수원 농사나 같이합시다." 하고 모셔왔다고 한다.

우리는 과수원에 가보고 깜짝 놀랐다. 사과나무가 칠팔백 그루 되는 커다란 농장이었는데, 한쪽에는 딸기와 포도를 기르고, 꿀벌도 치셨다. 나는 어릴 때부터 할아버지를 목사님으로만 알고 있었는데, 훌륭한 농부가 되셨다.

조석훈 조사는 산내에 많은 땅을 소유한 지주였는데, 주일 오전에는 조석훈 조사의 집에 모여서 예배를 드렸다. 조석훈 조사는 해방 후에 평양신학교를 마치고 목사가 되셨다가 순교하셨다. 그

아들들은 내 친구 조영택을 비롯해 조유택, 조인택 모두 목사가
되었다.

어느 날 어른들이 만세를 부르며, "일본이 망하고 해방되었다.
일본놈들이 다 도망간다."고 좋아하셨다. 그러나 일본 순사들이
여전히 총칼을 차고 행패를 부리기에, 한 주일 동안 조심하며 지
냈다. 해방 뒤에도 몇 주일은 집에 모여 예배드렸다.

– 손자 경화

# 4.
## 목회 생활 과도기

### 1) 황해노회에 복귀하여 목회자들을 위로하다

1945년 8월 15일에 일왕 히로히토가 무조건 항복하자, 한국이 국권을 되찾고 교회도 신앙의 자유를 얻게 되었다. 신사참배의 시험과 박해로 교회에 나오지 못하던 교인들도 회개하는 눈물을 흘리며 교회에 다시 나와 힘을 냈다. 불신자들도 일제에서의 해방과 우리 민족의 독립의 선물은 하나님의 덕분이라고 생각하며 교회로 몰려들었다. 교회마다 초만원이었다.

허응숙 목사는 신사참배를 거부하여 교회를 사임하고 산속에 들어가 신앙생활을 하다가 나온 목회자이다. 은둔 생활로 절개를 지켰다고는 하나 의인인 척 자랑할 것도 못 된다고 자신을 견책하며 재출발하였다. 해방 직후에 모인 황해노회 석상에서 신사참배를 한 목회자들을 만나자 "나 자신은 어려운 때 피신하여 평안히 지냈으나, 끝까지 교회와 양떼를 지키느라고, 여러분은 얼마나 고초를 겪었습니까?"라고 인사하여 노회원들을 감동케 하였다.

## 2) 덕안리교회 시무 시절

허 목사는 그동안 지켜주신 하나님께 감사하며 목회를 재출발하여 송화군 진풍면 덕안리에 있는 덕안리교회를 담당 시무하게 되었다.

덕안리교회는 1890년에 김원여 전도인의 전도를 받아 동네 유지 박기순 씨가 전 가족과 더불어 예수를 영접하여 설립한 교회로, 그 집안이 모범을 보이니 동민들이 계속하여 믿는 자가 많아졌다.

순회하며 목회하던 언더우드, 쿤스 선교사들의 권고를 받아 사과 농사를 열심히 하였고, 이 사업이 크게 잘되어 성공하여 부자동네가 되었고, 그 덕분에 교회도 크게 발전하였다.

1916년에 박선애 성도가 수천 평의 땅을 교회에 헌납하여, 교회 부지를 삼고 예배당을 지었다. 1939년에는 총회가 신사참배로 어려운 때인데도 교인들이 합심하여 붉은 벽돌로 2층 예배당 85평을 건축했다. 덕안리는 면소재지도 아닌 일개 시골 동네인데 이렇게 부흥되고 대성전까지 지었던 것이다.

교회 창립 초창기부터 전도열이 뛰어나 이웃 동네에 전도하여 교회를 설립했는데, 1895년에 은율읍교회, 1903년에 석탄교회를 창립했으며, 그 후에도 석도교회, 덕정교회, 학계교회, 염촌교회, 동현교회 등을 설립하였다.

교인이 증가하여 1912년에 박기순이 장로 장립을 받아 당회가 구성되고, 뒤이어 박규헌, 박종윤, 정봉현, 오진형 등이 장로 장립을 받고 봉사했다.

역대 시무자는 방학성, 서경연, 정창원 목사 등인데, 서경연, 정창원 두 분은 6·25를 전후하여 공산당에 의해 희생 순교했다.

정창원 목사 시무 시절에 가장 부흥되었는데, 열심 있는 젊은 집사들이 사과를 팔러 갔다가 악기(주로 나팔)들을 사 가지고 와서 교회 밴드를 조직했다. 부흥회나 명절 때에는 교회 활동으로 악대가 연주했고, 학교나 면사무소 행사 때에도 봉사하여 주민들에게 칭송을 받았다. 허 목사가 시무하던 시기에 공산당이 악기를 몰수했으나, 교인들이 그 악기들을 찾아가지고 피난하였다. 초도 섬에서 서해지구 유격대인 구월부대에 그 악기들을 기증하고 교인들은 남하(南下)했으니, 그 후 처리는 알 수 없다.

이같이 크고도 어려운 교회에 허 목사가 부임하여 해방 후 교회로 모여드는 많은 반공 인사들을 포섭하여 교회가 다시 부흥하였다. 반면에 공산당 정권이 점차 강화되며 교회를 노골적으로 박해하자 많은 교인들이 월남하였으며, 약한 신자들은 교회 출석을 꺼렸다. 이런 난국을 극복하며 허 목사는 끝까지 하나님께 충성했다.

1950년 9월 15일에 인천상륙작전이 성공하여 국군(國軍)이 북진(北進)해 오자, 공산도배와 괴뢰군들은 도주하며 닥치는 대로 양민을 학살하여 수많은 교인들이 살해당하였다. 공산당을 반대하던 황해도민들이 서해지구, 구월산 중심, 그리고 초도, 석도, 웅도 등 여러 섬으로 피난하는 대혼란 속에서 덕안리교회는 이 전투지역의 중심인지라 수난이 극심하였다.

덕안리교회 교인들은 다른 지역에서 밀려드는 피난민들을 돌보고, 치안을 담당하여 공비들을 섬멸하느라 수고하는 유격대 청년들의 뒷바라지를 도맡았다. 덕안리는 바닷가 마을이어서 배를 타고 월남하기가 비교적 쉬웠다.

덕안리교회 출신으로 월남하여 목사가 된 분은 오창흠, 오순흠, 강제철, 박송걸, 송재묵, 박경연, 최영환, 박송죽, 안만길, 여한구 등이 있고 장로가 된 분은 박규열, 여성현, 안광문, 박연하, 허태형, 허태룡, 김창을, 최태형, 하악봉, 강세운, 최성엽, 박규삼, 박현모, 허경화, 허경천, 서광조, 이성준, 박종순 등이 있다. 이 가운데 상당수가 허 목사의 친인척이다.

## 3) 공산당 탄압에 목사 네 분만 남은 송화군 46개 교회

1945년 8월 15일에 조국이 일제의 쇠사슬에서 해방되자 당연히 하나의 독립국가가 수립될 줄 알았는데, 꿈에도 생각하지 못했던 북위 38도선이 설치되어 남북한 사이에 국경 아닌 국경선이 되었다. 북반부에는 무신론 종주국가인 소련군이 진주하여 소련군 장교 김성주(金成柱)를 김일성 장군으로 위장하여 북한 괴뢰집단을 세웠다.

북한 전역은 1949년 가을부터 전시체제로 들어가기 시작했다. 각 도에 민청훈련소를 설치하고 청장년을 훈련시키는 한편, 고급중학(고등학교) 이상의 모든 학교에 배속 장교를 두고 학생들을 훈련시켰다. 또한 북한 전역에 조국보위후원회를 조직하여 17세부터 40세까지 남녀 모두 동원하여 강제로 군사훈련을 시켰다.

북괴군은 1950년 6월 25일(주일) 새벽 4시경, 서해안의 옹진반도로부터 동해안에 이르는 38선 전역에 걸쳐 국군이 방어진지에 맹렬한 포화를 집중시키면서 기습공격을 개시했다. 소련제 YAK 전투기를 서울 상공에 침투시켜 김포비행장을 폭격하여 마비시켰고, 시내 중심가에 기총소사를 감행했다.

당시 국군은 북괴의 평화공세에 따라 6월 23일 24시를 기해 비상경계령을 해제했기에, 병력의 1/3 이상이 외출 중인 상태에서 북괴의 기습공격을 당했다.

국군은 곧 반격을 개시했으나 중과부적으로 수세에 몰리다가, 6월 28일에 서울 시내가 인민군에게 점령당했다. 정부와 국군은 급히 한강 이남으로 피난하게 되었고, 정부는 대전, 대구를 거쳐 부산으로 피난 갔다.

공산정권은 6·25 침략 전쟁을 개시해 놓고 기독교인들의 사상과 동태를 감시하거나, 일상생활을 박해하였다. 자기네 생각과 판단에 조금이라도 걸리적거리면 무슨 구실을 붙여서든지 연행 감금했는데, 대부분 공식재판을 받지 않았다. 언제, 어디서 어떻게 끌려갔는지도 모르게 납치하여 모나지 광산이나 아오지 탄광 등지로 보내어 강제 노동을 시키다가 언제, 어떻게 희생되는지도 모르게 죽이고 말았다.

젊은 청년들은 모조리 침략전쟁에 강제 징집당하였고, 심지어는 나이 어린 중학생들, 그리고 40대 이상의 장년들까지 모조리 잡아다가 군대에 보냈다.

인민군은 공산당의 정예부대이어서 그들이 볼 때에 사상이 불온한 자들과 그 자녀들(반공사상자, 지주나 자본가의 자녀, 특히 기독교 청년들)은 인민군대에 지원해도 허락하지 않았는데, 전쟁이 일어나자 흑백을 가리지 않고 무차별 강제로 징집하였다.

교역자들은 조그만 혐의만 있어도 연행, 투옥되는 실정이어서 목회 생활이 크게 위축되었다. 전쟁이 시작되기 전에 상당수의 교역자들이 신변의 위험을 느껴 월남했거나 투옥된 실정이므로, 전쟁 당시까지 교회를 시무하는 교역자의 수는 절반이 못 되었다.

남침했던 공산군들이 낙동강 전투에서 전멸되고 국군과 유엔군이 반격을 개시하자, 북괴군의 전세가 매우 불리해졌다. 8월 중순에 불순분자 총 검거령이 내려져 수많은 교역자들이 행방불명되었다. 국군과 유엔군이 북한에 진격했던 10월 중순까지 생존한 교역자들은 별로 없었다. 용케 숨었다가 살아나온 분들이 더러 있을 뿐이다.

그래도 용기 있는 교인들이 그 무서운 억압 밑에서도 교회를 운영하며, 때에 따라 예배를 드렸다. 주일날이면 종종 강제로 노력동원(勞力動員)을 하는 까닭에 남자 교인과 교직자들은 더욱 괴롭고 어려웠다. 따라서 새벽기도나 개인기도에 주력하며 오로지 하나님만 찾고, 통일의 날을 기다리며 견딜 수밖에 없었다.

나는 해방 이후 1948년에 평양신학교에 입학하여, 풍해면 천북리에 있는 제당교회에서 조사(助師)로 파견되어 목회하였다. 국군이 북진하여 치안이 어느 정도 유지되자, 10월 말에 송화군 도제직회가 풍천읍교회에서 모였다. 송화군 46개 교회의 목회자 가운데 원춘도·서경연·장형일 목사는 이미 순교했으며, 방학성 목사는 공비들이 던진 수류탄 파편에 중상을 입어 참석지 못하였다. 생존한 목사는 김태석·허응숙·김정묵·박성겸 네 분뿐이었다. 목회자가 빈 교회에 신학생들을 전도사로 급히 파견하는 바람에, 나는 신입생인데도 송곡교회를 겸임하게 되었다. 허응숙 목사의 제자뻘 후배가 된 것이다.

### 주일날 방공호를 파지 않고 교회 다니다가 자아비판하다

해방 후에 할아버지는 송화군 진풍면 덕안리에 있는 덕안리교회에서 목회하셨다. 나도 사택에 같이 살았는데, 할아버지는 하루도 쉬지 않고 교인들 심방을 하셨다. 북한에서는 9월에 새 학년이 시작되었는데, 6·25전쟁이 나던 해 9월에 중학교 3학년이 되었다.

나는 전쟁이 난 것도 모르고 학교에 다녔는데, 수업이 없는 주일에도 중학생들을 학교로 소집하여 학교 둘레에 방공호를 파게 하고, 밤에는 불침번을 세워 숙직하게 하였다.

할아버지는 나에게 "퇴학당하거나, 혹시 죽어도 좋다. 너는 하나님을 믿는 아이니까, 주일에는 학교 가지 말고 교회에 와서 예배드려라."라고 말씀하셨다. 주일날 학교에 가지 않은 학생은 전교에서 나 한 명뿐이었다.

월요일 아침에 학교에 가면 소년단 총회가 열리는데, 언제나 똑같이 학생단장이 단상에 올라가서 큰소리로 외쳤다.

"우리는 사상 훈련을 해서 이승만 도당을 이기자."

그러고 나서 몇 명이 토론한 뒤에, 마지막으로 자아비판(自我批判)을 시작했다. 나는 언제나 앞으로 끌려나갔다.

"허경화 동무! 자아비판하시오."

"나는 교회를 다니면서 하나님을 믿기 때문에, 주일날 학교에 나와 방공호를 파지 않고, 교회에 가서 예배를 드렸습니다."

그러면 여기저기서 아이들이 일어나서 나를 사납게 비판하였다. 이따금 교무실에 끌려가서 러시아어 교사인 담임선생에게 뺨을 맞기도 했다. 그래도 주일이면 하루도 빠지지 않고 교회에 가서 하나님께 예배를 드렸다.

- 손자 경화

## 4) 아들과 사위가 허 목사를 구하러 전쟁 중에 남한에서 올라오다

6·25 전쟁이 한참 치열해지자 누구도 생사를 예측할 수 없었다. 허 목사가 목회하던 황해도 송화군에서는 10월 16, 17일을 기하여

공산당원과 인민군이 후퇴하고, 인민군에 끌려갈 청년들이 산속이나 땅굴에서 숨어 지내다가 뛰쳐나와 치안을 유지하였다.

국군이 북한에 진주하자 반공청년과 인사들이 총궐기하여 치안을 확보하며 재건사업에 열중하던 참에 중공군이 개입했다는 비보가 들려왔다. 많은 교역자들이 사상불온자(반공주의자)로 지목되어 6·25 이전에 끌려가 옥고를 치르거나 순교했는데, 허 목사는 다행히도 송화군에서 인심을 얻었기에 이때까지 목숨을 유지하며 목회를 지속하였다.

은률·풍천 지방 교역자들을 살펴보면, 장련읍교회를 장기 목회하다가 옥고를 치르고 난 원춘도 목사는 풍천읍교회 시무 중에 체포되어 송화읍 내무서 유치장에 감금되었다가, 놈들이 불을 지르고 도망하는 바람에 옥중 순교하였다. 송화읍교회 김태석 목사, 금곡교회 서경연 목사, 하리면 안농교회 장형일 목사, 일도면 누리교회 조석훈 목사, 장통리교회 이인국 목사도 모두 순교했다.

덕안리교회를 시무했던 정창원 목사는 평양에서, 송화군 출신 김덕모 목사는 진남도 억량기교회에서, 장련 출신 류정철 목사는 진남도 비석리교회에서, 은유면 출신 이창실 목사는 사리원교회에서, 정창원 목사는 아오지 탄광에서 복역 중에, 황도익 목사와 오윤호 목사는 은풍 지방에서 시무 중에 순교하여, 내가 기억하는 송화군 목사만해도 20여 명이나 순교했다.

그런 와중에서 허 목사는 다행히도 생존하였다. 때마침 국군이 북진해 올 때, 8·15 이후에 월남해서 서울에 살던 허 목사의 작은아들 허태룡과 맏사위 여성현이 가족들을 찾으러 고향 덕안리에 돌아왔다. 박종화, 김명현 등 기독교청년 몇 명도 귀향하여 치안을 담당하였다. 여성현은 홍보를 담당하여 각지에 다니며 치안을 위한 청년단체들을 조직하였다. 그는 전쟁의 진행 양상을 누구보다 정밀하게 살피고 분석한 결과, 고향에 오래 머물지 않고 월남하기로 계획하였다.

### 아오지 탄광으로 끌려가다가 탈출하신 할아버지

나는 인민군 부대가 후퇴하는지도 몰랐다. 어느 날 밤 학교에서 불침번을 서는데, 숙직하시던 나이 많은 화학 선생님이

"경화야! 힘들어도 조금만 참아라. 빨갱이들은 금방 망한다. 지금 한참 쫓겨가고 있으니, 얼마 뒤에 국군이 들어올 거다."

라고 말씀하셨다.

9월 말인가? 10월이던가? 할아버지가 결국 공산군에게 잡혀가셨다. 공산당에서 동네 청년들을 소집하여 아오지 탄광으로 보내는데, 할아버지가 인솔 대장으로 징집되신 것이다.

아오지 탄광에 끌려가면 중간에 다 죽인다는 소문이 이미 널리 퍼져 있었다. 할머니는 그날부터 두세 달을 울면서 "목사님을 살려 달라"고 기도하셨다. 할머니는 내가 어릴 적부터 무릎에 앉히고 기도하셨는데, 한참 울면서 기도하시면 내 머리에 뜨거운 눈물이 뚝뚝 떨어졌다.

할아버지가 없는 채로 수요일 밤 예배를 보았는데, 예배가 끝난 뒤에 어느 영수님이 나에게 말씀하셨다.

"경화야! 저 달 좀 봐라. 저게 계수나무가 아니고 태극기 같다. 국군이 곧 들어온다고 하나님이 보여 주시는구나."

나는 하나님이 할머니의 기도를 들어주실 것이라고 믿었다.

– 손자 경화

## 탄광에 끌려가신 바람에 학살당하지 않으신 할아버지

공산당에선 동네 부녀자들에게 인민군 군복을 만들게 하였다. 전쟁 중에 피복 공장이 제대로 없었으므로, 덕안리교회 사택 앞 공회당에 날마다 아주머니들이 모여들어 인민군 군복을 만들었다. 옷감과 본을 가져다주면, 그것을 보고 저고리 바지를 만들어서 납품했다.

어느 날 밤에 내가 살던 사택 마당이 갑자기 환해지더니, 학교가 불타는 게 보였다. 인민군들이 도망가면서 불태웠다고 한다. 집에는 남자 어른이 아무도 없어서, 나는 할머니, 작은어머니, 여전도사님과 함께 이불을 뒤집어쓰고 떨었다. 다행하게도 밤새도록 아무런 일도 없었다.

다음 날 아침에 교인들이 찾아와 할머니에게 위로하였다.

"목사님도 아오지 탄광에 끌려가지 않으셨으면, 어젯밤에 학살 당하셨을 거예요. 천만다행입니다."

빨갱이들이 달아나기 전에 많은 교인들을 잡아다가 학살했다고 한다. 나도 가보니 몇 사람씩 등 뒤로 묶어놓고 죽였으며, 시체를 땅에 묻을 시간도 없어서 우물에 쳐 넣고는 달아났다.

할아버지는 열흘 뒤에 살아서 돌아오셨다. 함께 끌려가던 청년 가운데 두어 명이 교인이었는데, "조금만 더 가면 다 죽을 테니, 목사님! 적당할 때에 탈출합시다." 하고 제안했다고 한다. 밤중에 탈출하신 할아버지는 어느 교인의 집에 숨어 지내시다가, 무사하게 교회로 돌아오셨다.

할아버지가 석도에 교회 일을 처리하러 가신 사이에 우리는 마지막 크리스마스 예배를 드리고, 할아버지와 헤어진 채로 초도를

거쳐서 목포로 피난하였다.                                    – 손자 경화

## 5) 사과 1천 상자와 바꾼 덕안리교회 교인 50명의 목숨

마침 고향(덕안리) 과수원에 사과를 추수할 때가 되어 1,000상자를 따서 지하실에 넣었다가, 이 사과를 배에 싣고 서울로 향할 계획을 세웠다. 포구에 가 보았더니 마침 큰 배가 한 척 있었다. 유엔군이 북진해 와서 장악하고 있던 참이라 덕안리 치안 책임자였던 사위 여성현이 군 치안 책임인 박종화에게 허락을 받아 사과 1,000상자를 싣고 서울로 가서 팔기로 하였다. 그때 사과 한 상자를 서울에 가져가 팔면 쌀 한 가마를 살 수 있었다. 이 사과를 다 팔면 고향 치안에도 도움이 되겠다고 계산하면서 사과를 배에 실어 보내고, 자신은 육로로 해주를 거쳐 인천까지 무사히 도착하였다.

여성현이 인천에서 며칠을 초조하게 기다리자, 덕안리를 떠난 그 배가 무사히 인천에 도착했다. 그러나 그 배에 사과는 별로 없었다. 사과를 배에 싣고 떠나려고 준비를 마쳤는데, 유엔군이 "이 비상시에 물건(사과)만 싣고 갈 수 없다"고 하며 대부분 내리게 했다고 한다. 그래서 신앙의 자유를 찾아 월남하겠다는 덕안리 교인과 동민 50여 명을 싣고 왔다는 것이다.

그 당시 허 목사는 마침 석도교회를 수습하기 위해 석도에 가 있었는데, 덕안리 교인들이 사위 여성현의 부탁받았던 일도 있었기에, "허 목사님을 꼭 모시고 가야 된다"고 주장하여 그 배가 일부러 석도에 들려서 허 목사를 모시고 떠났다. 너무나 갑작스런 일이라, 허 목사의 가족들은 동행할 수 없었다.

얼마 뒤에 중공군이 개입하는 바람에 1951년 1월 4일에 많은 사람들이 갑자기 피난가면서 몹시 고생했으나, 허 목사는 덕안리 교인과 주민 50여 명을 이끌고 목자가 양떼를 안전한 곳으로 인도하는 것처럼 비교적 평안히 월남하였다.

허 목사의 가족들은 덕안리교회에서 청년 치안대원들이 총을 들고 밖에서 지키는 가운데 눈물과 기도로 마지막 크리스마스 예배를 보고, 초도를 거쳐 월남하였다. 이 배는 인천, 군산, 목포를 거치면서 피난민들을 내려주었기에, 지금도 이 지역에 송화군 주민들이 일부 살고, 황해노회 소속 교회들이 있다.

### 대한청년단에 자원하여 가족을 찾으러 북진하다

6·25가 일어날 때에 나는 서울에 와 있었는데, 국군이 황해도를 수복하면서 각 군마다 그곳 출신 청년 20명에게 치안을 맡겼다. 나도 대한청년단에 자원하여, 총을 메고 고향 송화군으로 진격하였다. 당시 아버지는 덕안리교회에서 목회하던 중이었는데, 미처 숨지 못했던 목사들은 공산군에게 납치되거나 숙청당해 순교하였다. 아버지도 체포되어 끌려가다가, 다행히도 탈출에 성공하여 숨어 지내고 있었다.

국군이 수복하면서 지역 유지인 아버지에게 덕안리의 치안 책임을 맡기자 사양하던 중이었는데, 마침 큰매부 장로(여성현)가 고향으로 돌아온 덕분에 대한청년단 송화군 지회 부단장 책임을 맡았다.

우리 가족들은 전쟁 중에도 과수원에서 사과를 열심히 재배하였는데, 사과가 풍년이 들어 1,000여 상자를 배에 싣고 인천으로 팔러 보냈다. 평생 목회만 했던 아버지는 치안 유지와 거리가 멀어 중책을 사양하다가, 마침 사위(큰매부)의 부탁을 받고 그 배를 타고 교인들과 함께 인천으로 내려왔다.

그런데 공산군이 개입하면서 전세가 역전되어 두어 달 뒤에 1·4후퇴를 당하게 되자, 모두들 아버지에게 선견지명이 있다고 부러워했다. 너무나 편하게 피란한 셈이 되었기 때문이다. 아버지는 1·4후퇴로 내려온 가족들과 함께, 서울에서 사과를 판 돈으로 대구까지 피란하였다.

송화군에 대한청년단 간부로 진격한 나는 공산당에 부역한 주민들을 조사하였다. 그러나 열심당원들은 이미 북으로 달아난 뒤였기 때문에, 할 수 없이 공산당에 들러리 섰던 주민들이 피해를 입게 되었다. 공산당 치하에서 고통당했던 사람들, 특히 숙청당한 피해자의 유족들이 복수를 원했기 때문이다. 가능하면 고향 사람들의 피해를 줄이기 위해 노력하였다.

억울한 사람과 실제로 죄지은 사람을 구별하다가 두어 달이 지나자, 송화군에는 평안도에서 피난 오는 사람들이 늘어나기 시작했다. 만주에서 중공군 대부대가 압록강을 건너 남쪽으로 내려오기 시작한 것이다. 총을 든 청년단원들이 덕안리교회 밖을 지키는 가운데 1950년 마지막 크리스마스 축하예배를 눈물로 보고 모두들 남쪽으로 피난하였다.

– 작은아들 허태룡

## 구월산부대 유격대원으로 편입되어 피난민을 구출하다

우리 청년단원들은 소총 하나만 들고서, 중무장한 인민군들과 전투를 시작했다. 동료 가운데 사상자가 여러 명 속출하면서 송화군 앞바다에 있는 초도로 일단 후퇴했다가, 백령도를 거쳐서 인천까지 피난하였다. 우리 덕안리교회가 자랑하던 밴드부의 악기는 초도를 지키는 군인들에게 다 주고 나왔다. 김두희 선배는 초도에 모여든 고아들을 모두 이끌고 인천으로 피난하여 초도고아원을 세우고, 후일에 사회사업가로 성공하였다.

대한청년단 송화군 지회 단원들은 초도로 피난하여 구월산부대라는 유격대를 조직하였다. 송화군 출신들은 송호부대라고 하였으며, 은율까지 인근 3군이 연합하여 구월산부대를 조직한 것이다. 영국군 군함의 도움을 받아 유격작전을 감행하였다. 이들은 송화와 풍천에 자주 상륙하여 식량을 조달하고 기독교인을 중심으로 한 피난민을 구출했으며, 인민군의 배후를 교란하였다. 청년단 단원들이 이때 많이 죽어, 수복 당시에는 20명이 고향 송화군에 들어왔지만, 10명 넘게 전사하였다.

언제라도 명령이 떨어지면 구두끈을 묶어 신고 총을 들고 뛰쳐나가야 했기 때문에, 나는 60년이 지난 지금도 이따금 구두끈을 묶는 꿈을 꾸곤 한다.

중공군이 송화까지 들어오자, 청년단원들은 결국 유엔군 LST를 타고 가족들과 함께 목포와 군산으로 피난하였다. 아버지는 미리 거제도로, 형님(허태형)과 나는 목포로 피난하였다. 나도 처음에 거제도로 피난하였는데, 목포에 먼저 피난했던 형님이 선교사를 통해 목포 정명여중에 직장을 알선하고 나를 목포로 불렀다.

– 작은아들 허태룡

## 6·25 때 비정규부대로 전과 '구월산 유격대' 기록 발견

6·25 당시 비정규 유격부대의 조직편제와 활동상황을 규명하는데 중요한 사료로 평가되는 '구월산 유격대'에 대한 자료가 정부기록물 정리과정에서 처음 발굴돼 1일 공개됐다.

정부기록보존소(소장 金善永)가 이날 공개한 문서는 미 극동군사령부가 대북 첩보공작에 활용하기 위해 창설한 극동군 사령부 연락파견대(제8240부대)의 부대 편성표 1권과 부대원 명부 3권. 이들 문서에는 연대 편제표와 부대 규모 및 지휘관 명단과 구월산 유격대원 3,329명의 출생연도·학력·직업·종군 부대·종군 기간 등이 상세히 기록되어 있다.

문서에 따르면 구월산 유격부대는 50년 12월 7일 황해도 은율군 장연에서 김종벽(金宗璧) 대위가 부대장인 연풍부대를 모태로 6·25 직후 반공 유격활동을 전개하다 51년 3월 초 구월산부대로 개편됐다.

구월산부대는 서해지구·웅도·청양도에서의 섬지역 방위와 공격활동을 수행하면서 50년 12월부터 51년 10월까지 북한의 정규 군대인 인민군과 치열한 전투를 벌여 적 사살 583명, 생포 323명의 전과를 올렸으며 유격대원도 이 기간 중 113명이 전사하고 88명이 부상했다.  －『중앙일보』 1998년 10월 2일 자 기사

## 제4부

# 대한민국 목회 생활

# 1.
## 거제도 장목교회 개척 시무

허 목사는 피난 왔던 거제도에 장목교회(長木敎會)를 개척하였다. 거제도는 면적이 379.23km, 인구는 91,436명(1991년 통계, 2017년 거제시 254,073명)으로, 우리나라에서 둘째로 큰 섬이다. 6·25 전쟁 때 북한에서 많은 피난민이 거제도에 들어오고, 북한군 포로수용소도 거제도에 설치되었다.

거제도에는 주로 북한 동부지역인 함경도 출신들이 배를 타고 많이 들어왔다.(문재인 대통령의 부모도 이때 흥남에서 배를 타고 거제도로 피난 왔다.) 피난 온 교인들 가운데 함흥 동부교회에서 온 의사 출신 김재술 집사가 있었다. 그는 당시 유엔진료소 소장이었는데, 피난민 수용소에 찾아와 교회를 개척할 목사를 구하자 허응숙 목사가 지원하고 나섰다.

1951년 3월 1일에 김갑률 씨가 소유하던 초가집 3간을 구입하고, 2간 증축하여 51년 5월 17일에 헌당식을 하였다. 전도사 박석, 조사 윤옥신(여), 신도 50명, 주일학생 100명으로 시작하였는데, 1951년 10월 14일에 두모교회와 합동하여 교세가 100명이 넘어섰다.

피난처 있으니 환난을 당한 자 이리 오라
땅들이 변하고 물결이 일어나 산 위에 넘치되 두렵잖네
이방이 떠들고 나라들 모여서 진동하나
우리 주 목소리 한번 발하시면 천하에 모든 것 망하겠네
만유주 여호와 우리를 도우니 피난처요
세상에 난리를 그치게 하시니 세상의 창검이 쓸데없어
높으신 여호와 우리를 구하리 할렐루야
괴롬이 심하고 환난이 극하나 피난처 있으니 여호와요.

이 찬송가는 장목교회 주제가 찬송가였다. 교인들이 모이기만 하면 의레 자동적으로 이 찬송을 부르며 예배를 드렸다. 허 목사는 그때 나이 벌써 63세였는데, 공산 치하에서 구출해 주시고 자유 대한민국에 와서 목회를 계속하게 된 감격으로, 오로지 목회에 전념했다.

장목교회 교인. 가운뎃줄 허 목사 옆사람이 김재술 집사. 뒤에는 작은며느리의 친정아버지 주창수 장로.
그 옆 사람이 셋째 사위 정복원 목사, 오른쪽 끝 사람이 넷째 딸 허태신 사모, 왼쪽 어린이가 손녀 혜순

장목교회 시절의 허응숙 목사 부부

피난 생활에 시달리던 교인들이 주말만 되면 교회에 모여서 예배드
렸으며, 예배 후에 성도의 교제는 그야말로 사도행전에 나타난 초대
교회 모습 그대로였다.

### 내가 들은 장목교회 창립 이야기

아버지는 1·4후퇴 이전에 이미 사과를 실은 배에 타고 인천까
지 편하게 내려왔지만, 1·4후퇴로 북한 주민들에 섞여 가족들이
피난 오자 그들과 함께 대구까지 다시 내려갔다. 사촌누이 태신이
까지 여러 명이 한 방에 살았다.

마침 장로교 총회 총무였던 유호준 목사가 미군 선교부에 알선
해 피난 목사들을 거제도로 모이게 하고 숙박시설을 제공했는데,
아버지도 당분간 그들과 함께 지냈다.

어느 날 미군 군목 옥호열 선교사가 이들을 찾아와 "거제도 장
목에 교회를 세우려는데, 지원할 목사가 있으면 나서라."고 하였
다. 그러자 언제나 선교열에 불탔던 아버지가 가장 먼저 자원하였
다. 전도사도 한 사람 따라나섰다.

당시 장목면 사무소 부근에 재건파 교회(고신파 전신) 하나가 있었으며, 장목에는 보건소가 있었는데, 김재술 집사가 소장으로 있었다. 김 집사가 장로교회를 개척하겠다고 하면서 목사를 구하자, 아버지가 나섰던 것이다.

김재술 집사는 함흥도립병원 외과의사 출신인데, 아버지와 함께 초가집을 구입하여 교회를 시작하였다. 어느 독지가가 장목 앞에 있는 섬 칠천도에서 소나무를 가져다 쓰라고 헌금하여, 교인들이 찍어다 초가교회를 새로 세워 장목교회를 시작하였다.

김재술 목사는 후일 서울로 올라와 총회신학대학을 졸업하고, 강남교회를 개척하여 목회하였다. 나도 피난 시절 장목교회의 인연으로 강남교회에 출석하여 장로 장립을 받고, 70세 되던 해에 이 교회에서 명예장로로 추대되었다.

– 작은아들 허태룡

장목교회를 방문한 후손들.
2002년 5월 29일

## 창립 교인 김행복 장로를 만나 사진과 편지를 전달받다

할아버지가 남한에 피난 와서 처음 개척한 교회가 거제도 장목교회였기에, 2018년 가을에 장목교회를 찾아가 보았다. 다른 식구들은 예전에 버스를 전세 내어 이미 다녀왔지만, 나는 이때가 처음이었다. 김행복 장로 부부와 만나기로 미리 약속해 놓았는데, 이 부부는 혜순 누나와 주일학교 친구들이었다. 김행복 장로는 육군사관학교를 졸업하고 장교로 복무하다가 예편한 뒤, 고향 장목교회에 돌아와 장로로 시무하면서 모교인 장목중학교 교장을 역임하였다.

곧이어 김충호 목사가 사무실에 나와 장목교회 당회록을 보여주어서, 할아버지가 개척 시기에 기록한 회의록을 살펴보았다. 바닷가 어촌 마을에 원주민과 피난민들이 연합하여 어렵게 교회를 개척한 사연이 눈물겨웠다.

김행복 장로가 1951년도 교인들 사진을 빌려주었는데, 할아버지와 함께 피난 온 친척들이 많이 보였다. 김 장로의 부인은 "이 시절에 장목교회 교인이 가장 많았다"고 잠시 옛 추억에 잠겼다.

며칠 뒤에 김행복 장로가 할아버지가 쓴 편지를 나에게 우편으로 보내왔다. 김 장로는 당시에 부모를 잃고 할머니가 키우는 중이었는데, 나의 할아버지에게 많은 사랑을 받았다고 한다. 김 장로의 할머니가 백령도에 있는 나의 할아버지에게 안부 편지를 보내와 할아버지가 답장을 보낸 편지였는데, 60년 넘은 세월 속에서도 믿음 사랑 소망이 편지 구절마다 스며 있었다.

김서운 할머니는 남편이 세상 떠났다는 소식을 알렸고, 할아버지도 김서운 누님에게 "성경학교에서 강의하는 동안에 아내가 평안한 세계로 떠났다"는 소식을 담담하게 전했다. 장목교회를 떠난 지 5년 뒤까지도 예전 교인에게 "믿음으로 위로받으시라"는 편지를 보낸 것이다. 문장이나 말투는 그대로 살리고, 맞춤법만 요즘 맞춤법으로 고쳐서 〈진촌교회〉편에 소개한다.     - 손자 경진

### 성경구락부 설치

거제도에 피난민이 몰려들자 이들이 먹고 자는 문제만큼이나 청소년 교육이 문제였다. 정규 학교에서 피난민 자제들을 다 받아들일 수 없었으므로, 할아버지가 장목교회 내에 성경구락부(聖經俱樂部)를 설치하였다.

성경구락부는 공민학교 수준의 임시학교였는데, 평양신학교에서 할아버지를 가르쳤던 킨슬러(Francis Kinsler, 권세열) 선교사가 1929년 평양에서 가난한 미취학 아동들을 위하여 시작하였다. 태

평양신학교 교수 시절의 킨슬러(권세열) 교수

평양전쟁 이후 미국으로 돌아갔던 킨슬러 교수가 광복 이후에 다시 한국에 와서 성경구락부 운동을 하고 있었으므로, 할아버지는 킨슬러 선교사를 통하여 장목교회에도 성경구락부를 설치하였다. 그리고는 막내 고모(허태신)와 이모(이춘영)를 교사로 채용하여 어린이들을 가르치게 하였다. 김행복 장로 부부도 이 시기에 태신 고모에게서 배웠다.     - 손자 경진

## 장목교회 성경구락부의 교사 시절

6·25 전쟁이 일어나자, 나는 황해도에서 배를 타고 군산으로 피난 와서 살았다. 직장을 구할 수 없어 배급을 타서 그날그날 살았는데, 배급량이 적어서 죽을 끓여 먹어도 살아가기가 힘들었다. 언니(이숙영 권사)의 시아버님이었던 허응숙 목사님이 나의 그런 사정을 아시고, 거제도로 불러 주셨다.

허 목사님도 나처럼 피난민이었지만 거제도에 장목교회를 개척하셨고, 피난민 수용소에 어린아이들이 많아서 교육이 문제가 되자 성경구락부를 설립하고 계셨다. 학생이 늘어나자 나를 거제도로 초청하여 성경구락부 교사로 임명해주신 것이다. 나뿐만 아니라 아버지(이창원 장로)와 남편(김형록 장로)까지 세 식구가 거제도에서 몇 년 동안 피난살이 겸 교사 생활을 하였다.

지금도 내 기억 속의 허응숙 목사님은 인자하시고 존경스러웠다. 집안 살림이 어려워서 학교에 갈 수 없는 어린이들을 모아서 성경구락부를 설립하여 공민학교 과정을 가르쳤으며, 주일에는 교회에서 주일학교 과정으로 성경을 가르쳤다. 여교사가 4명이었는데, 노 장로님이 물심양면으로 도와주어서 성경구락부 운영에 별다른 어려움이 없었다.

어린이들이 이발소에 갈 돈도 없어서, 우리 여교사들이 어린이들의 머리까지 직접 잘라주었다. 그래서 우리 반 여학생들의 머리가 사진에서 보는 것처럼 모두 한일자로 자른 단발머리였다. 동료였던 허태신 선생은 허응숙 목사님의 막내딸이었으니, 나에게는 같은 또래의 친구이자 사돈집 처녀이기도 했다. 허태신 선생이 먼저 오빠(허태형 장로, 허태룡 장로)들이 있는 목포로 떠나고 나도

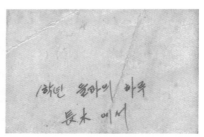

이춘영 권사가 맡았던 1학년 학생들. 교사가 머리를 잘라주어 모두 한일자 커트이다.

이춘영 권사가 70년 전 사진 뒷장에 쓴 설명

2학년 학생들 앞줄 왼쪽이 이춘영 권사. 가운데가 허 목사 넷째딸 허태신 사모

목포로 떠나는 허태신 사모 송별회

유년주일학교 교사들. 일선으로 떠나는 박 선생이 가운데 앉았고, 뒷줄 오른쪽부터 허태신 사모. 이춘영 권사

같은 또래의 친구들

휴전 이후에 서울로 올라오게 되어 장목교회를 떠날 때 학생들이 얼마나 울었는지 지금도 그때 생각이 나고, 천진난만하던 아이들이 지금 어떻게 지내는지 궁금하다.

- 이춘영(서울 한일장로교회 권사, 필자 이찬영 목사의 여동생)

## 피난 중에도 두 사돈과 함께 전도하셨던 할아버지

장목교회 시절의 사진을 보면 재미있는 점이 있다. 할아버지의 두 며느리의 친정아버지들이 함께 보이는 것이다. 물론 두 집이 모두 황해도에 살다가 함께 피난 왔으니까 그럴 수 있겠지만, 이모님(이춘영 권사)이 위에서 설명하신 것처럼 일자리를 만들어서 적극적으로 불러들이신 것이다.

큰며느리가 나의 어머니(이숙영 권사)인데, 외증조부는 황해도 은율군 장연면 학동에서 구사재(九思齋 아홉 번 생각하는 집)라는 서당을 개설하여 마을 아이들을 가르치는 선비였다. 세상이 바뀌자 서당을 농무학원(農務學院)으로 개편하고, 외할아버지가 원장으로 가르치셨다. 외할아버지(이창원 장로, 1897~1980)는 당시 율리교회(栗里敎會) 영수(領袖)셨는데, 목회자가 여러 교회를 담임하느라고 순회 설교를 하였으므로, 목회자가 오지 않는 날에는 외할아버지가 주로 설교하셨다. 동네 교인들에게 과일 재배를 가르치고, 다른 과수원과 달리 영생과원(永生果園)이라는 이름을 붙여, 맛있고 믿을만한 사과를 산출하셨다.

할아버지의 초청으로 거제도 장목교회에 오셨던 외할아버지는 외삼촌 이찬영 목사가 새로 담임 맡은 경남 의령군 신반면의 신반교회로 거처를 옮기셨다. 피난지 대구에 설립한 총회신학교를 졸업한 외삼촌이 인근 농촌 지역에 교회를 설립하면 외할아버지가 전도사로 부임하여 설교하셨다. 신학을 졸업한 분은 아니지만 독학으로 성경을 공부하며 농민들이 알아듣기 쉽게 설교하신 것이다.

외할아버지는 그 후에도 목회자가 없는 농촌교회를 여기저기 맡아 설교하셨다. 아래는 아드님 이찬영 목사의 자서전『청파이력서(靑波履歷書)』254쪽에서 몇 줄을 인용하여 소개한다.

"이에 하나님의 소명을 받아 전도사로 교역 생활에 나서셨으나 시종일관 무보수로 연약한 교회를 돕는 일에 진력하셨다. 거제도 장목교회를 위시하여 경북 청송 구천에 개척 전도하여 교회를 설립하시고, 개일교회와 전북 태길교회 등을 시무하시다가 1959년 전주 북문교회에서 장로 장립을 받으셨다.

계속하여 전북 송전교회, 평리교회를 시무하시고, 전주 동부교회와 노송교회에서 봉사하시며 노체를 정양하시다가 1980년 10월 1일 부르심을 받아 천국으로 가셨으니, 향수(享壽) 83세이시다."

할아버지가 인천에 동암교회를 개척하실 때에도 농공훈련소 시절에 오셔서 주일 낮예배 설교를 하실 정도로 사이가 좋으셨는데, 우연하게도 같은 해에 천국에 가셨다.

할아버지의 작은며느리(나의 작은어머니) 친정아버지인 주창수 (1909~1999) 장로님은 황해도 장연군 용연면 기남리 장안몰에서 태어나 18세에 김두헌 목사에게 세례받고 27세에 영수, 34세에 장로가 되셨다. 할아버지가 용연교회 목회하실 때의 교인인데, 결국 그 교회 교인을 며느리로 맞으셨다.

임고 서四才 四月 頃

스서 十三才 時頃

집사 二十三才 時

여수 二十七才 時

長老 三十四才 一月 五二日

南下 四十男 군산 을거처

거제도에서 五年간 걸루中

허응숙 목사님과 장모그교회

대 예공교회를 개척하고 와浦교회

전도사로 二년간 사무하는 中 상역

한 상경하여 장충교회 씨전

도회 후원으로 경기도 향주군

양주군

주창수 장로가 직접 기록한 신앙이력서

44세에 군산을 거쳐 거제도로 피난하여 5년간 머무셨는데, 이때 할아버지와 함께 지내셨다. 아래는 주창수 장로님이 직접 기록한 내용이다.

"거제도에서 5년간 거류 중 허웅숙 목사님과 장목교회 대금교회를 개척하고, 외포(外浦)교회 전도사로 2년간 시무하는 중, 사면하고 상경하여 장충교회 여전도회 후원으로 경기도 양주군 장흥 일영리 장흥교회를 개척."

– 손자 경진

# 2.
## 기독교장로회 분렬과 목포 희성교회 창립

장목교회 목회에 성과를 어느 정도 거둔 만성은 목포로 옮겨갔다. 장로교단에서 기독교장로회가 분렬되어 나가는 과정에, 목포에 새로운 교회를 세울 필요가 생겼기 때문이다.

대개 서해지구(황해도)의 주민들이 피난 온 곳이 남한 서해안의 3대 항구인 인천과 군산, 그리고 목포였다. 황해도 피난민들이 목포에 많이 집결되었기에 만성은 두 아들의 초청으로 목포에 갔다. 목포에서 피난 중에 '희성(喜聲)교회'를 설립하였다. "하늘의 기쁜 소식을 듣는 교회"라는 뜻이다. 현재는 목포시 양동 86번지에 있는데, 통합 측 장로교 소속이다.

만성 허 목사는 목포 희성교회에서 장기목회를 못 하고 1년 만에 떠났다. 휴전 이후에 정국이 차츰 안정되어 맏아들이 인천에 직장을 얻어 이주하자, 연로한 만성이 황해도 고향 가까운 인천으로 따라간 것이다. 당시에 피난민들은 곧 통일이 되리라 생각하고, 가능하면 고향 가까운 곳에 살았다.

## 학생들에게 테러를 당하면서 설립한 희성교회

목포에는 장로교 선교사들이 세웠던 양동교회와 영흥중학교, 정명여학교가 있었는데, 아버지와 평양신학교 동창이었던 이남규 목사가 양동교회 목사와 영흥중학교 이사장을 겸임하고 있었다.

영흥중학교는 양동교회 옆에 있었는데, 타요한(탈메이지) 선교사가 교장으로 있었다. 이남규 목사의 큰아들이 타요한 선교사의 일을 도와주고 있었으므로, 형님(허태형)이 이남규 목사를 통해서 나를 영흥중학교 교사로 알선했던 것이다. 나는 영흥중학교에서 과학선생으로 열심히 근무하였다.

그러다가 전국적으로 장로교 교단이 분열하면서, 목포 지방에도 교권분쟁이 일어났다. 영흥중학교가 기장(基長) 측으로 입장을 정하면서 나는 정통 신앙을 지키기 위해 계속 예장(예長)에 남아 있던 정명여학교 교사로 전근하였는데, 영흥중학교 학생들이 예장에 계속 남아 있던 정명여학교의 교사와 학생들에게 집단적으로 폭행을 가했던 것이다.

조회 시간에 수많은 남학생들이 갑자기 쳐들어온데다 여학생들은 힘이 없었으므로, 여기저기서 교사와 학생들이 맞아 쓰러졌다. 그러자 수많은 여학생들이 나를 수십 겹으로 에워싸, 자신들의 몸으로 스승을 보호하였다. 30분쯤 남학생과 여학생들이 몸으로 부딪치며 나를 지키던 중, 드디어 학교 측의 신고를 받은 경찰들이 출동하여 기장 측(영흥중학교) 남학생들의 집단폭행은 막을 내렸다. 나는 여학생들이 몸으로 감싸준 덕분에 무사했다.

같은 장로교 교단에 있던 영흥중학교와 정명여학교는 기장과 예장 측으로 갈라지는 것으로 마무리되었지만, 양동교회에 나가

희성교회에서 주일학교를 지도한 작은아들 태룡과 유달산에 오른 학생들

던 교인 가운데 정통신앙을 지키려
던 교인들은 계속 기장 교회에 나갈
수도 없고 안 나갈 수도 없어 고민되
었다.

　나는 당시에 학교 사택에 살고 있
었는데, 정명여학교 서무과장으로
있던 김종실 장로가 나에게 예장 교
회를 개척하자고 제안하였다. 우리 아버지가 이남규 목사와 신학
교 동창이라는 사실을 알고 있었기 때문이다. 그래서 내가 거제도
로 가서 아버지를 설득하여, 목포로 모시고 와서 희성교회(喜聲教
會)를 시작하였다. 희성교회는 글자 그대로 "복음의 기쁜 소리를
전하는 교회"라는 뜻이다.

　처음에는 김종실 장로의 집에서 10여 명 교인들이 예배를 드리
다가, 1954년 4월에 아버지가 부임하여 첫 예배를 드렸으며, 학생

100여 명이 참석하였다. 6월에 김단임 전도사를 부교역자로 모셔, 1년 만에 교회 틀이 잡혔다. 형님은 1953년 휴전 전에 인천에 직장이 정해져서 이사하셨지만, 나는 정명여학교 교사로 재직하느라고 아버님을 모시고 희성교회에 계속 출석하였다.

개척 당시에는 죽교동 65번지에서 예배를 드렸지만, 1969년 3월 5일에 현재 위치(양동 86-32)에 대지 318평을 구입하여 2층 건물을 신축하였다. 내가 근무하던 정명여중과 이웃하고 있다.

- 작은아들 허태룡

# 3.
## 인천 제8교회(제물포교회) 시무

개신교 선교사 언더우드(장로교)와 아펜젤러(감리교)가 1895년에 인천을 거쳐 한국에 들어오면서 공식적으로 장로교와 감리교 선교가 시작되었다.

아펜젤러가 7월 19일에 제물포에서 첫 종교 집회를 열고 신자를 얻어 인천의 모교회인 내리교회를 창립하였다. 선교사들이 많이 들어와 선교사업에 혼선이 오자 두 교파에서는 선교 구역을 분담했는데, 인천(제물포) 지방은 감리교 구역이어서 장로교회는 없었다.

광복 이후 북한에 공산정부가 수립되자 공산 학정을 반대하여 배를 타고 월남한 교인들이 인천지구에 집결하여, 장로교 교회가 잇달아 창립되었다. 주로 황해도와 평안도 출신이었는데, 1946년 송학동에 제1교회를 시작으로 1948년 도원동에 제2교회, 1948년 송림동에 제3교회, 1951년 송림동에 제4교회(현 서부교회), 송현동에 제5교회(현 중앙교회), 1952년 송현동에 제6교회(현 동현교회), 제7교회, 1954년 도원동에 제8교회(현 제물포교회)가 세워졌다. 참으로 놀라운 전도 열이요, 교회 설립의 축복이다.

제8교회의 창립은 1954년 5월 23일이다. 소재지가 도원동이었기에 처음에는 도산교회라는 이름으로 창립되었고, 창립 교인들은 백인성 장로, 문현서 장로, 권영선 영수, 이정일 집사, 한재석 집사이다.

1954년 9월 26일에 중앙교회 시무하던 김정묵 목사가 임시로 예배를 인도하면서, 목조건물 8칸을 건축하였다. 허웅숙 목사가 1955년 1월 23일 초대 임시목사로 청빙되고, 인천지역 장로교 설립 순서에 따라 인천제8교회라고 이름을 고쳤다.(허 목사가 떠난 뒤, 1956년 12월에 제물포교회로 이름을 변경했다.)

1955년 10월 17일 현주소(인천시 동구 도원 3동 92-65)에 30평 목조 건물을 건축하였다. 교회 바로 앞에 전도관이 있었는데, 박태선 장로의 부흥회와 신유 은사를 믿는 교인들이 전국적으로 자신이 다니던 교회를 떠나 박태선 전도관으로 몰려오던 시절에 허 목사는 전도관 본부 앞에서 개척교회를 하였던 것이다.

허 목사는 제8교회에 부임한 지 1년 만인 1956년 1월 20일에 사임하였다. 허 목사의 고향인 백령도 교회가 일제강점기에는 황해도 장연 건너편에 가까이 있어서 교회가 발전하였지만, 삼팔선이 분단된 뒤에는 서해 끝의 외딴 섬이 되어 젊은 목사들이 시무하기를 꺼렸기 때문에, 고향 교회의 강단을 지키기 위해 도시 교회를 사면하고 섬으로 들어간 것이다. 이정일 장로가 인천항 부두까지 따라와 붙잡았지만, 말릴 수가 없었다.

### 아버지가 개척하는 교회를 인천에 살면서도 다니지 못하다

감리교 지역이던 인천에 피난민이 늘어나면서 장로교회가 늘어나자, 대한중공업공사에 취직하여 먼저 인천으로 올라왔던 내가 아버지를 인천으로 모셔왔다. 그러나 인천에 피난 온 황해노회 교인들이 모여서 제오교회를 개척하고 나도 이미 이 교회에 출석하고 있었으므로, 아버지가 개척하는 제8교회에 출석하지는 못했다.

황해도의 장로교회 가운데 삼팔선 이남 지역(옹진군, 백령도 등등) 교회는 황남노회 소속이었으므로, 인천에 새로 개척하는 황해도 출신 교역자들은 대부분 황남노회 소속으로 목회하였다. 내가 다니던 제5교회는 피난노회인 황해노회 소속이었지만, 아버지는 자연스럽게 지역노회인 황남노회 소속으로 제8교회를 개척하였다. — 큰아들 허태형

# 4.
## 백령도 진촌교회 시무

　진촌교회는 1905년 4월 15일에 창립되었으며, 소재지는 백령면 진촌2리 1069번지이다. 진촌(鎭村)은 이름 그대로 백령진(白翎鎭)의 관아(官衙)가 있던 읍내였으므로 백령도에서 가장 번성한 마을이었는데, 중화동교회가 점차 부흥되자 허륜, 허간 등이 열심히 진촌리에 다니며 전도한 결과 이윤범, 정성록 등이 먼저 믿고 중화동교회에 출석하다가 진촌에 교회를 세웠다.

　이윤범의 집에서 예배를 드리다가 교인이 증가하고 열심이 생겨 이항섭 전도사 시무 시절인 1923년에 30평 성전을 신축하고 이윤범, 박장수, 이근호 등이 서리집사가 되어 교회 중심이 되었다.

　허 목사가 진촌교회를 시무하게 된 1956년을 전후하여 진촌교회에서 장립 받은 장로들이 목회를 도와주었다.

　김도신(1948년 11월　7일 장립)

　백기선(1952년 11월 18일 장립)

　박찬규(1957년　2월　8일 장립)

　허태연(1957년　2월　8일 장립)

　백령도는 허 목사의 고향이었으므로 친인척도 많았고, 마을마다

진촌교회 위임예배

교회가 있어 당시 주민 대부분이 교인이었다. 섬마을에 특히 심하던 미신도 없고, 술집도 없었다. 길거리에 나서면 마을 사람들이 모두 존경하며 인사하였다. 처조카이기도 한 김종인 면장도 교회에 출석하였다.

허 목사가 유치원과 고아원도 운영하여, 진촌교회는 백령도 지역 사회를 이끌어 나갔다. 해병부대와 경찰, 천주교회의 미국인 부영발 신부와도 두터운 관계를 유지하며 지역 주민을 위해 목회하였다.

허 목사가 70세가 넘어 진촌교회를 사면하고 이웃 사곶교회로 옮긴 후에도 교회는 계속 발전하여, 여러 명의 장로를 장립하고 1970년에 94평 새 정전을 신축 헌당했다.

역대 교역자는 이항섭, 이근필, 박수영, 박성겸, 차현희, 허응숙, 김원준, 강응무, 김순덕, 여순경, 설태수, 이평소, 유윤화, 박복상 목사이다. 이 교회에서 많은 목회자가 나왔다. 허 목사는 만 71세에 교회를 사임하며, 자신의 후임으로 사위 김원준 목사를 추천하여 젊은 교역자가 농촌교회를 체험하게 되었다.

## 할머니가 진촌교회에서 세상을 떠나시다

할아버지가 고향인 백령도에서 진촌교회 목회를 하며 보람찬 일도 많았지만, 가장 가슴 아픈 사연은 병으로 고생하시던 할머니가 세상을 떠나신 일이다. 피난 중에도 병으로 고생하신 데다가 의료시설이 빈약한 섬이었으므로 제대로 치료할 수도 없었다.

내가 어린 시절에 정신없이 잠을 자다가 새벽에 두런거리는 목소리가 들려 깨어보면 할아버지와 할머니가 백령도에서 밤 배로 와 계시곤 했다. 할머니의 인자하신 모습을 그런 식으로 두세 번 뵈었을까? 국민학교에 입학하기도 전이라 장례식에는 가지 못했지만, 나중에 사진으로만 옛날 장례식을 구경하였다.

2018년에 장목교회에 찾아가서 김행복 장로님을 만나 할아버지가 장목교회 개척하시던 시절 이야기를 많이 들었는데, 나의 할아버지가 김 장로님의 할머니에게 60년 전에 보내셨던 편지를 김 장로님이 다시 나에게 우편으로 보내주었다. 한 세대가 30년이라고 했으니, 할아버지가 보낸 편지를 두 세대 지난 뒤에 손자들이 다시 주고받은 셈이다.

이 편지는 남편이 세상을 떠난 김서운 할머니를 위로하기 위해 할아버지가 쓰신 것이지만, 중간에 나의 할머니도 세상 떠난 이야기를 담담하게 전하셨다. 할아버지가 성경학교에서 강의하시는 동안에 세상을 떠나셨다고 한다. 호적에 1956년 12월 28일에

할머니 장례식. "대한예수교장로회 군민 합동 진촌교회"라는 간판이 전쟁의 상처가 미처 아물지 않은 1950년대 백령도의 상황을 잘 보여준다.

교회 대문이 따로 없이, 할아버지가 드럼통에 커다란 붓으로 "以信得義[믿음으로 의롭다 하심을 얻는다]"고 쓰셨다.

돌아가신 것으로 등록되었으니, 농한기에 겨울성경학교 강의를 하셨던 것이다. 맞춤법만 몇 군데 고치고, 그대로 편집하여 소개한다.

- 손자 허경진

### 사랑하시는 김서운 씨 누님께

무정한 세월은 어느덧 삼 년이 지나고 사 년을 맞이하게 됩니다. 소식조차 끊어지고 심히도 각급했습니다. 뜻밖에도 수천 리나 격한 이곳까지 이름까지 희미한 잊을 수 없는 누님의 편지를 받고서 일변으론 기쁘기도 하고 일변으론 눈물로 젖은 얼굴로 보내주신 편지를 재차나 재독했습니다.

저간도 하나님의 은혜로써 외로우신 몸 건강하시고, 어린 행복이도 잘 있습니까? 누님이시여! 부모 없는 어린 것들 데리시고 얼마나 고생이 되실까요? 참으로 동정의 눈물이 없을 수 없습니다. 그런데 아직까지도 더 살아계실 여력이 있으시던 형님까지도 별세하셨다고 하시니, 더욱 섭섭합니다.

사랑하시는 누님! 그저 믿음으로 위로를 받으시옵소서. 사람 가운데서는 위로받을 곳이 없습니다. 외롭다면 가장 외로운 사람이 되었으며, 고적하다면 가장 고적하여 이야기해볼 사람도 없고 위로받아볼 곳도 없을 것입니다. 그러나 외로운 자의 친구가 되어주시고, 고적한 자의 고적을 깨쳐주시는 주님 앞에서 많은 위로를 받으시옵소서.

바라는 것은 손 장로님이 교회에 와서 계시니 늘 문의하시고, 더욱이나 전도사님에게 늘 위로를 받으시옵소서.

지금은 나의 사정을 들려드리기로 합니다. 자식들은 인천에 맏아들이 살아 있고, 작은아들 내외는 서울서 숭실대학에 공부하고, 딸 삼형제는 서울서 사업들을 하고 있는데, 우리 두 사람은 어린 손녀 혜순이를 데리고 이곳에 와서 만 일 년 동안 교회도 재미 많이 있었고, 저의 가정도 편안히 지내었습니다.

그러나 하나님의 뜻인지라, (아내가) 우연히 병이 나서 7일간 그리 고민도 하지 않고, 교인들의 지공(支供)을 받았습니다. 나는 그 시간에 성경학교에 가서 교수하는 중에 별세를 하셔서 운명시에 내가 같이 있지 못했으나, 믿음으로 평안 세계를 찾아가신 것입니다.

서울과 인천에서 자식들이 들어와서 장례식도 성대하게 지내고, 다 갔습니다. 지금 내가 교회 일을 보려니까 착실히 장애가 될 것 같습니다. 그러나 주님께서 동행하시면 남은 세상을 지내어 가겠지요.

이즈음은 자동차 전복으로 몸이 좀 상해서 고생하다가, 지금부터 교회에 출석하고 있습니다. 염려 마시옵소서.

행복아! 너 할머니 말 잘 듣고, 공부 잘하여라. 네가 공부를 잘하는 것을 내가 알고 왔으니까, 너의 공부를 짐작한다. 어린 영이 잘 인도하고, 할머니의 마음 상하지 않게 하여라. 그리고 예배당에 잘 다녀라. 오늘은 고생이나, 후일에는 사람 되어 하나님께 영광을 돌리고, 할머니의 신세 갚아드려라.

기회만 있으면 내가 죽기 전에 장목에 한번 가고자 한다. 늘 기도하여라. 끝으로, 사랑하시는 누님! 여러분들에게 문안해 주시고, 늘 건강하시기를 바랍니다.

1957년 2월 3일 밤. 일선 지구
외로운 백령도에서
허응숙 올림

사랑하시는 김서운씨 누님기게

무정한 세월은 어느덧 상년이지나 그사년을미. 지하기
됬이라 소식조차 끈 허지고 심히도 각금 했음이다
뜻밖게도 수천리머격한 이곳까지 이름조차 희미
한. 이끌수 없는누님의 편지을 받고서 일변으론
기 뿌기도 하고 일변으론 눈물의 저근 발끝노보내
주신편지을 재차나 재독했음이다 저간도
하나님의 은혜로써 외루우신몸건강 하시고 어린행복
이도 영이도 잘 있음이까 누님이시여 무모. 엄는 어련것들
다 러시고 그얼마나 고생이되실까 로 참으로 동정의
눈물이없을수 없음이다 그런데 아즉가 지도 더사러
게실 여령이게 시든 형임게서도 별세을 하었다고하
시니 더욱 섭섭함이다 사랑 하시는누님 그서고 믿음으로
위로를 받으시옵소서 사람가운데서는 위로 맛을곳이엄
심이다 외롭다하면 가장 외로운 사람이되였으며 고적
하다하면 가장 고적하야 이야기해볼사람도 엄고 위
로 맛아볼곳도 엄을것임이다 그러나 외로운자의친
구가 되여주시고 고적 한자의고적 함게 취하주시는주님
앞에서 만은위로을 맛으시옵소서 마라는것은 손상의
님이교회의 외서게시니 늘몸의 하시고 더욱이나 전도사
님의게 늘위로을 맛으시옵소서 지금은 버러사정을들
이여드리기로합이다 자식들은 민천 미맛아.달가족이
사라있고 자오아달 내외는 서울서 홍실대학을 맛무
하고 (달삼형) 제는 다 서울서 사업등을 하고 있는데)
우리두사람은 어린 손 너 혜운기둘과 러그이웃의외
서만 일년동안 교회도 자미많이 있엇고 저의가 정

도청안히 지내였음이다. 그러나 하나님의 정하신 뜻이신지라 우연이 병이 나서 七○간 그러고 민도 하지안코 피인들의 지공을 맞았음이다 나는 그시에 성경학교의 가서 피수하느굴에 별세를 하여서 운명시에 내가 같이 잇지 못했으나 빗음으로 평안세게을 차자 가신것임이다. 서울과 인천의서 자식들이 드러와서 장례식도 성대하께 지내이르다 잔음이다 지금 내가 피회 일을오 더니가 착실히 상애가 읽것잣음이다 그러나 주님께서 충항하시 ㅁ 다른 남은 세상을 지내 며 가겄시오 이르믐는 자 들차 전복의 몸이 좀상해서 묘셩하러가 지금부러 피회의 출석하고 잇든이다 엄어 마르서음 소서

향복아 너할버기 날상잘듯 ㅁ공부잘 하며 따 너가 공부을잘 하는 것을 내가 잘 알고 잇이가 네 더믐우를 짐작한다 저러 연역잘 이오 하고 할때나 만흐 상하시지만 기하머리 그러 그예배 력의잘 단이여라 오날는 묘셩 이낮후일이큰 사람의 더하다넘게 영랑을들이 ㄹ 할머님의 신세 갑하도리여라 기화만 잇드면 내가 죽기 전에 장목이 한인가 고 저란다 늘기도하여라

갓호로 사랑하시는 누님 떠러 만드리께 문안해 주시오 늘건강하시기을 바란이다

1957년 2월 20 밤 일선자구 외도운(백동) 도의서

허응욱 올림

## 섬에서 혼자 목회하시는 아버지를 재혼시켜 드리다

아버지가 이미 칠순이 되셨는데도 고향에서 독신으로 외롭게 목회하시는 것이 안타까워, 내가 아버지를 중매 섰다. 형님과 의논하여 내정한 여재덕 권찰님은 황해도 송화군 하리면 수사리 교회의 교인이었다. 아버지가 수사리교회를 목회하실 무렵에 내가 태어났으니, 나에게는 고향 같은 마을인데, 여씨 집성촌이 있고, 교인 가운데에도 여씨가 많았다.

친정아버지는 수사리교회 영수(領袖)였는데, 부잣집 영감인데다 인덕도 많아, 불쌍한 사람들을 널리 보살폈다. 임종을 앞두고 정신이 혼미해졌지만, 이따금 정신이 돌아오면 "어디 있는 논 몇 마지기는 누구에게 주어라." 하고 유언할 정도로 이웃을 사랑하였다.

나에게 고향 누님뻘이었던 여재덕 사모는 처녀 시절부터 인물이 곱상했는데, 아버지가 하리면 칠정교회와 수사리교회를 목회하던 시절부터 잘 알던 집안인데다 나의 작은어머니와 한 교회 친구였으므로 잘 알고 지냈다. 그래서 장 목사님과 중매를 서서, 혼사가 이뤄졌다.

그러나 6·25 동란을 겪으면서 장 목사님이 공산군에게 순교당하고, 여재덕 사모는 수양딸 장영신과 함께 부산으로 피난 갔다. 혈혈단신 부산 피난지에서 의지할 곳이 없었던 여재덕 사모는 순교자 유가족들을 돌보던 미실회 가옥에 살고 있었다.

어머니가 1956년에 세상을 떠나시자 주위에서는 칠순 된 목회자가 섬에서 독신으로 목회하는 것이 남 보기 안 좋다고 하면서 재혼을 권유하였다. 덕안리교회에 다니다가 피난 온 안악영감 박

집사가 특히 앞장서서 우리 형제들에게 권유하기에, 내가 아버지의 반승낙을 받고 부산으로 내려가서 여재덕 사모를 설득하였다.

당시 숭실대학에 재학 중이던 나도 그렇지만, 인천에서 직장 생활을 하던 형님(허태형 장로)도 젊은 시절부터 여재덕 사모를 잘 알고 지냈으므로 사람됨을 잘 알기에 마음 편하게 설득했지만, 여재덕 사모는 첫날 완곡하게 사양하였다. 그러나 내가 하룻밤을 자면서 간곡하게 부탁드리자, 여재덕 사모도 결국 아버지와 재혼하여 목회 생활을 보살펴 드리겠다고 승낙하였다.

나는 인천으로 올라와서 아버지에게 그간의 사정을 보고하였으며, 아버지의 허락을 받고 다시 내려가서 여재덕 사모를 모시고 올라왔다. 그때부터 우리 어머니가 된 여재덕 사모는 30년 동안

김원준 목사 진촌교회 위임식. 가운데가 김원준 목사, 오른쪽이 장인 허응숙 목사

아버지를 극진하게 모셔, 아버지가 90세 넘게 영혼과 육신이 아
울러 건강하게 목회할 수 있도록 내조하셨다. 성격도 차분하고 착
한데다, 부잣집에서 자라 음식 솜씨도 깔끔했으며, 낳아 기른 자
녀가 없어 모든 정성을 아버지에게만 쏟을 수 있었다. 우리 모두
에게 정말 고마운 분이셨다.

– 작은아들 허태룡

최정숙 화백이 그린 진촌교회

지금의 진촌교회

# 5.
## 백령도 사곶교회 시무

사곶교회는 1905년에 창립되었다. 앞서 소개한 진촌교회와 함께 중화동교회에서 분립해 같은 해에 창립되었으니, 형제 교회였다. 교회 소재는 백령면 진촌리 사곶동으로, 육지와 연결되는 항구에서 가까운 곳이다. 창설 교인 김영희 김잔돌, 안중기, 김홍준, 김윤광, 김창길 등 여러분이 먼저 믿고 중화동교회에 다니며 예배드리다가 (15km 거리를 4년간 다녔음) 1905년 백령도 서쪽 끝 사곶에 초가 3간을 세워 교회가 건립되었다.

현대는 어느 교단 목회자든지 70년 정년제가 실시 중이므로, 건강하고 목회 능력이 있는 목사들도 본의 아니게 교회시무를 사면해야 한다. 허 목사도 만 71세에 진촌교회를 사임하고 고향 백령도를 떠나려 했지만, 마땅한 목회자를 구하지 못한 사곶교회에서 강권하여 인천으로 가려던 이삿짐을 옮겨 왔으므로, 이웃 마을 사곶교회에 부임하여 계속 목회하게 되었다.

허 목사는 아직도 강건하여 시무를 계속할 수 있는 데다, 누구보다도 백령도 교회를 가장 잘 알고, 조상 대대로 모태신앙인 신자들을 잘 지도할 자격이 있다는 이유 때문에 사곶교회 교인들에게 붙잡힌 것이다. 허 목사가 백령도 출신이어서, 사곳교회 교인들은 모두 허 목사를 육신적 친족으로 보았고, 조카, 손자뻘 되는 교인들도 있어서 목회하기가 수월하였다.

김광섭, 변택선, 김병준, 김윤성, 변신보, 김상희, 박경일, 오세훈, 김상익, 김필우, 송성근, 김억근 장로 등이 사곳교회에서 장립받았으며, 역대 교역자로 김윤점, 최현식, 김덕회, 김정묵, 김종삼, 이항섭, 이근필, 정구봉, 오순형, 백성겸, 김용현, 허응숙, 김종만, 김용태, 신대기 조재성, 김범서, 한정관, 박종복 목사가 시무하였다.

허응숙 목사는 1961년부터 1968년까지 사곳교회에 시무하며, 교회 건물을 새로 세웠다. 섬에서는 건축자재를 구하기 힘든 시절이라, 마침 큰 성전을 신축하려던 인천제2교회 성전의 구자재를 구입하여 배로 실어다가 공사하였다.

사곳교회 위임식

같은 날 여재덕 사모 환갑잔치. 허목사 뒤가 큰며느리 이숙영 권사, 한 사람 건너 4녀 태신과 김원준 목사 부부

허응숙 목사가 새로 지은 사곳교회. 건평 52.5평

지금의 사곳교회

# 6.
## 소청도교회 봉사와 안식년

만성은 80세 가까운 나이에 사곳교회 시무를 사임한 뒤에 이삿짐을 싸 들고 육지로 나오려다가, 이웃 소청도 교회 교인들에게 붙들려 다시 소청도교회 임시 목회를 맡게 되었다.

소청도와 대청도는 백령도의 이웃 섬으로 같은 문화권이었는데, 백령도보다 더 작은 섬이어서 목회자를 구하기 더 어려웠다. 허 목사는 소청도교회에서 1년 남짓 머물렀는데, 시무라기보다는 봉사라고 생각하였다. 늙은 나이를 이유로 다시 사임하고 인천으로 나왔다.

잠시 인천의 큰아들과 서울 노량진의 작은아들 집을 오가며 살았다. 작은아들 허태룡 장로가 출석하던 강남교회 당회장 김재술 목사는 허 목사가 거제도 피난 시절에 장목교회를 함께 개척한 믿음의 동지였으며, 허 목사의 권고로 신학을 공부하고 목사가 되었던 관계이다.

# 7.
## 82세에 개척한 인천 동암교회

허 목사가 이미 80세가 넘어서 제1선 목회에서 물러나 있는 실정인데, 뜻밖에 새로운 목장이 생겨서 교회를 담임하게 되었다. 1961년 진촌교회를 사임할 때나 1968년에 사곶교회를 사임할 때에도 이미 70세가 넘어선 뒤였지만, 82세에 동암교회를 창립한 것이야말로 만성(晩成)의 뜻을 이루게 하신 하나님의 원대한 섭리이다.

### 1) 교회 설립 배경

1969년에 인천시의 외곽지대인 십정동(十井洞)에 부민양계단지가 조성되었다. 많은 주민들이 양계를 전업, 또는 부업으로 하기 위해 이곳으로 이사해 왔다. 당시는 철도 건너에 조그만 마을이 있었을 뿐인 벌판이었다. 허태형 장로의 사돈이 되는 가나안농원에서 기획한 단지였으므로, 기독교인들이 많이 이사 왔다.

3개 단지 80여 가구가 한 가구당 2,000여 마리 내외의 닭을 키웠다. 주민들의 지적인 수준은 비교적 높은 편이었고, 양계단지 조성으로 생활 수준 또한 안정된 편에 속하였다.

당시 십정동 지역에는 옛 마을인 열우물(十井)에 감리교회만 하나 있을 뿐, 장로교회가 하나도 없었다. 이러한 시대적인 준비가 동암교회를 세우기에 알맞았다. 하나님은 천국의 확장을 위하여 동암지역에 허 목사의 자녀와 조카들을 미리 보내셔서 한 알의 씨앗을 뿌리신 것이다.

## 2) 생수가 흘러나오는 열우물에 동암교회를 설립하다

양계업으로 생활을 유지하고 있던 성도들은 주일이면 저마다 인천이나 서울 본 교회에 가서 예배를 드렸는데, 적지 않게 불편하였다. 주일 낮에는 그동안 섬기던 본교회에 참석하였지만, 교통이 불편하던 때인지라 저녁예배나 수요예배까지 참석하기가 힘들었다. 그래서 주일이나 수요일 저녁에는 양계단지 안에 있는 최원유 장로(송월교회)의 집에서 예배를 드렸다.

1969년 8월부터 시작된 가정예배에 참석한 교인들은 허태형 장로(중앙교회), 최원유 장로(송월교회), 최원진 집사(신흥교회), 최경실 집사(제2장로교회), 김창섭 집사(중앙교회), 김재민 집사(중앙교회), 신덕조 집사(신촌성결교회), 김영희 집사(사곳교회), 이광윤 집사(사곳교회)의 아홉 가정이다. (동암교회 홈페이지 순서)

장로와 집사들이 1년 동안 돌아가면서 예배를 인도했으며, 주일학생까지 합하여 30여 명이 모였다. 예배가 끝나면 성도의 교제가 이루어졌다. 중점적인 화제는 새로운 교회를 설립하는 이야기다. 최원진 집사는 당시에 나누었던 말씀 가운데 창 12:1-2 "여호와께서 아브라함에게 이르시되 너는 너희 본토 친척 아비 집을 떠나 내가 네게 지시할 땅으로 가라. 내가 너로 큰 민족을 이루고 네게 복을 주어 네 이름을 창대케 하리니 너는 복의 근원이 될지라."의 말씀을 평생 잊지 못한다고 간증한 바가 있다.

이때 모인 믿음의 가족들은 허 목사와 관계가 깊었다. 그래서 80세가 넘었지만 아직도 강건한 허 목사를 모시고 교회를 개척하기로 결정하였다. 허태형 장로는 허 목사의 맏아들이고, 최원유 장로는 생질(누이동생의 아들), 이광윤 집사는 백령도 김종인 면장의 부인이었으니 처조카이다. 김영희 집사네까지 모두 백령도에서 태어나 믿음의 가정에서 자랐던 이들이 하나님의 뜻으로 한동네에 모여 82세 된 허 목사를 모시고 교회를 개척하게 된 것이다.

황해도 허정(許井)에 허씨들이 많이 살며 신앙생활을 했고, 허 목사가 초년에 칠정(七井)에서 목회했는데, 이제 말년에 십정(十井)에서 목회 생활을 마무리하게 된 것도 우연은 아니다. 열 우물은 생수가 흘러나오는 샘이었다.

### 3) 동암교회 창립 기념예배

동암교회는 인천시 북구 십정동 439-11번지 양계장 건물 20평을 월세 6,000원에 임대하여 예배 처소로 정하고, 대한예수교장로회(합동측) 황남노회 소속으로 설립하였다.

허 목사는 황해도에서 목회할 때에 황해노회 소속이었지만 백령도 목회 시절에는 황해도 남부지역을 관할하는 황남노회 소속이었으므로, 은퇴한 뒤에도 당연히 황남노회 소속 목사로 있었다. 게다가 황남노회에서 가장 큰 송월교회 박도삼 목사나 부평동부교회 우상

동암교회 창립예배에 참석한 노회 임원들과 교인들. 양계장 옆 기차길에서 찍은 사진이다.

렬 목사, 제물포교회 홍태우 목사가 모두 황해도 목회 시절 허 목사가 목회하던 교회에서 키웠던 청소년들이었으므로, 황남노회 지원을 받아 개척하였다. 교회 설립의 꿈을 키우면서 교인들이 손수 강대상과 의자를 만들었다.

1970년 9월 26일에 창립기념예배를 드렸다. 이날 기념예배는 황남노회와 황해노회 임원들이 주관했는데 사회는 송월교회 박도삼 목사, 기도는 인천중앙교회 최광량 목사, 설교는 인천제2교회 이삼성 목사가 맡았다.

성경 본문은 마태복음 4장 18절~22절을 낭독했고, 이삼성 목사는「사람을 낚는 어부」라는 제목으로 설교하며, "베드로처럼 십정동 일대에 그물을 내려 몰아들일 때 그물이 찢어질 정도로 많은 고기들이 모여 축복받는 교인들이 되고 교회가 되라"고 은혜로운 말씀을 선포하여, 참석자 120여 명이 모두 새 힘을 얻었다.

제8교회(제물포교회) 목회 시절에 동역했던 이정일 장로가 '동양(東洋)의 반석(盤石)이 되는 동암(東岩)교회를 이루시라'고 축사하였다.

이어 동암교회를 새로 담임하게 된 만성 허응숙 목사가 인사하였다. "내 비록 82세의 노인이나 옛날 모세나 갈렙같이 건강을 주시면 마지막 목회에 생명을 걸겠다."고 취임사를 하여 교인들이 크게 환영하였다. 최원유 장로의 인사말과 광고로 다시금 분위기를 쇄신하며 축하예배를 마쳤다.

9월 27일 주일부터 공식적으로 주일예배를 드리기 시작했는데, 예수님은 만세 반석이시니 동쪽에 놓여진 만세 반석 동암교회가 창립된 것이다.

설립 초에 김영숙 전도사가 부교역자로 부임하여 허 목사를 잘 보필했다. 허 목사는 당회장이자 담임목사였지만, 담임목사 사례비를 자신보다 50년이나 젊은 독신 여성 김영숙 전도사에게 주고, 자신은 전도사 사례비를 받아 노부부가 함께 생활하였다.


### 4) 두어 달 만에 제직회와 선교회, 주일학교를 조직하다

담임목사와 장로 2명으로 당회가 구성되었으며, 1971년 1월에 서리집사 10명을 임명하여 제직회가 구성되고, 유년주일학교도 시작하였다.(부장 최원진, 총무 허경진)

1971년 2월 10일에 김영숙 전도사가 부임하여 3월 14일에 여전도회도 조직되었다.(회장 최경실) 이날 학생회도 조직하여 토요일마다 예배를 드렸다.(지도교사 허경진, 회장 김정민)

1971년 4월 4일에 허응숙 목사 집례로 세례문답과 첫 성찬식이 천정도 없는 양계장에서 거행되었다. "예수를 구주로 믿는 손애주에게 성부와 성자와 성령의 이름으로 세례를 주노라. 아멘" 이날 손애주(29세), 김영란(21세) 2명이 세례를 받고 세례교인이 되었다.

### 설교시간에 잠이 들었던 개척교회 반주자

내가 국민학교 5학년 되던 해에 할아버지가 우리 동네로 이사 오셔서 개척교회를 시작하셨다. 나는 인성국민학교에 입학하면서 피아노를 배우기 시작했는데, 배워서 무엇을 하겠다는 특별한 목표는 없었다. 그러다가 특별한 준비도 없이 할아버지 교회에서 예배시간에 반주를 맡기 시작하였다. 내가 피아노를 잘 치니까, 무슨 곡이든 알려주면 반주를 잘 할 거라고 생각하셨던 것 같다.

교회 건물이라야 20평이 채 못 되어 보이는 시멘트 블록 건물이었는데, 사람이 살던 집이 아니라 닭을 키우는 양계장으로 지었던 건물이어서 천정도 따로 없고, 실내조명은 희미한 백열등이 전부였다.

요즘 큰 교회에서는 성가대 지휘자나 반주자가 찬송가 선택에도 일정 부분 관여를 한다고 들었지만, 그때는 할아버지가 정해주시면 무조건 찬송을 부르던 시절이었다. 할아버지가 토요일에 주보에 들어갈 내용을 알려주시면, 경진 오빠가 원지에 철필로 써서 등사판으로 2~30매 인쇄하고, 내가 한 장을 미리 받아서 반주 연습을 하곤 했다.

할아버지가 설교하시는 강대상이 어두웠기 때문에, 눈이 어두운 할아버지가 찬송가를 펼쳐 보실 생각을 안 하고 대부분 평생 부르던 찬송을 정하셨다. 거의 날마다 비슷한 찬송을 정하였는데,

〈내 주의 보혈은 정하고 정하다…〉, 〈이 세상 험하고 나 비록 약하나…〉, 〈만 입이 내게 있으면 그 입 다 가지고…〉 등의 찬송이 생각난다. 요즘은 이런 찬송을 부르는 교회가 별로 없을 거다.

19세기에 태어나셔서 이미 여든이 넘으셨던 할아버지의 설교는 내게 어렵고 지루하기만 했다. 그 지루한 설교를 주일 낮, 저녁, 수요일 저녁예배까지 모두 들어가면서 반주를 했다.(반주자 사례를 받아본 기억은 없다.)

주일 저녁예배인가 수요일 저녁예배인가, 어느 날 설교를 듣다가 너무 지루하고 지쳐서 풍금 위에 엎드려 깜빡 잠이 들었다. 한참 자다가 깨어보니, 벌써 예배는 끝나 있었다.(야단을 들은 것 같지는 않다. 정확하게 50년 전의 일이니 야단맞은 기억조차 잊어버린 것인지…)

할아버지를 생각할 때에 떠오르는 기억이 예배시간의 풍금 반주만은 아니다. 손님들이 할아버지 뵈러 오실 때 사탕이나 설탕을 선물로 가져오시는 것을 많이 본 기억도 난다.

할아버지는 평생 목회하느라고 우리들과는 따로 사시다가, 아흔이 되셔서야 우리 집에 들어와 함께 사셨다. 간석동 집에 살 때에 아버지가 저녁에 들어오셔서 문안드리면 "우리 허 장로 어디 있나, 우리 허 장로." 하면서 아버지를 찾으시던 모습이 눈에 선하다.

어렸을 때는 교회에서 하루 종일 지내야 하는 것이 그렇게 내 인생에 중요한 일인지 알지 못했다. 나이가 들어가면서, 특히 최근에는 더욱 어린 시절이 그립고, 부모님들이 만들어 주셨던 그 신앙적인 환경이 감사하다.(2000년에 간행된 『동암교회 30년사』를

보니, 74쪽에 "이해 9월 27일 주일부터 허혜경 양(허태형 장로의 딸)이
올갠 반주를 맡아 77년까지 7년간 봉사하였다."고 기록되었다.)

- 손녀 혜경(미국 뉴욕)

### 5) 3년 만에 성전 50평을 건축하다

교인이 늘어나자 동암역 부근에 있던 농촌지도소 건물을 임대하
여 1971년 6월 6일에 이사하였다.

이사한 지 두 달 만에 성전건축위원회를 조직하고, 십정동 498-4
번지에 대지 202평을 구입하였다.(현재 동암교회 위치) 1년 뒤인 1972
년에 성전건축 기공예배를 드리고 허응숙 목사가 황남노회 임원들

1971년 여름성경학교 학생들과 허경진(주일학교 총무). 교회 간판 대신에 농공기술훈련소 간판이
걸려 있다.

동암교회 성전 기공식에서 첫 삽을 뜨는 허응숙 목사와 노회 임원들. 왼쪽은 설교자 김원준 목사

기공식에 참석한 노회 임원들과 교인들

1972년 10월 23일 공사장에서 왼쪽 건축회사 사장,
가운데 건축위원장 허태형 장로, 오른쪽 허경진

상량식 전날

허 목사가 대들보에 상량문을 쓰고, 상량
식 준비를 마쳤다

과 함께 첫 삽을 떴다.

　몇 명 되지 않은 교인들이 건축헌금이 웬만큼 모아져서 시멘트 블
록으로 벽을 쌓고 지붕을 덮었다. 그러나 건축비를 아끼느라고 한 겹
으로 벽을 쌓다가, 태풍이 불어 벽이 무너졌다.

　건축위원장인 허태형 장로가 "교회가 완공된 뒤에 예배를 드리다
가 벽이 무너졌으면 큰일 날 뻔했다"고 감사기도를 드리고, 이듬해
에 벽을 이중으로 쌓아 완공하였다. 1973년 10월 3일에 초록색 지붕
의 성전 50평과 사택 14평이 완공되어 헌당예배를 드리면서, 허태형
장로 취임과 최원진 장로 장립예배를 함께 드렸다.

성전 봉헌식과 장로 취임식을 마친 교인들

외벽 공사를 마치고 칠하기 전날 허 목사

## 6) 심장병을 기도로 고치면서 건강한 교회를 이루다

십정동 기찻길 옆에 한센인들이 운영하던 십정농장이 있었다. 이분들은 1950년대부터 부평 일대에서 양계업에 종사하여 인천시 달걀의 몇십%를 산출할 정도로 진취적인 분들이었는데, 천주교 신자가 많았다.

양계뿐만 아니라 사료대리점까지 운영하던 허태형 장로가 십정농장에 드나들며 친분을 가진 뒤에, 성전 헌당식 전에 우상준 장로(당시 성도)가 새벽기도에서 허웅숙 목사의 기도를 받아 심장병을 완치하고 먼저 등록하였다. 그 뒤를 이어서 여러분들이 동암교회에 등록하여 성도의 교제를 가졌으며, 이분들이 뒷날 온누리선교회의 주역이 되어 동남아 여러 나라에 복음을 전도하며 의료선교에 앞장섰다.

### 한센인들을 동암교회에 받아들여 선교 사역을 이루게 하신 외할아버지

외할아버지가 마지막으로 목회하셨던 동암교회에 십정동 이웃 마을의 한센인들이 참석하면서 창립 교인들과 주 안에서 하나가 되었다고 친구인 양병화 선교사에게 들었다. 이분들이 도움을 받던 위치에서 다른 나라의 선교사들을 돕는 위치까지 갔기 때문에 지금 선교지에서는 동암교회가 모범적인 교회가 되어 있다고 한다.

동네 사람들과 교류가 별로 없던 자신들을 받아주셨던 외할아버지, 그리고 외삼촌(허태형 장로)네 식구들에게 고마워하고, 또한 그곳에 주춧돌을 처음 놓고 그 당시 있었던 사람들에게 신앙적 지침이 되셨던 외할아버지의 사역이 그곳에서 계속되지 못했음을 아쉬워한다고 한다.

내가 전에 한국에 있을 때 알고 있던 한센인들이 중심이 되었던 교회가 있었는데, 그들은 다른 나라로부터 도움을 받아 교회를 세웠을 뿐 아니라, 자기들의 집을 지을 때에도 늘 도움을 청하고는 했다. 그러나 동암교회에 참여한 분들은 하나님의 은혜와 성령의 능력으로 오히려 다른 분들에게 모범이 되어, 복음에 빚진 자들의 태도로, 도움을 받던 위치에서 다른 이들에게 도움을 주는 분들이 되었다고 다른 선교사들에게 들었다. 그래서 동암교회는 다른 선교지에서도 모범적인 교회로 되어 있고, 또 자기네들도 그렇게 되기 위해 노력한다고 한다.

1) 한센인들이 캐토릭 마을에 살면서 개신교의 신앙을 가지면서 독립한 마을로

2) 그 마을에 만족하지 않고 자녀들의 장래를 위해 일반인들의 사회 속으로 들어와서 교회를 함께하였고,

3) 그분들도 섬기는 자가 되고, 건강한 지역 성도들과 함께 주체가 되도록 하게 된 점들이 모범이 된 것이다.

외할아버지와 외삼촌네 식구들, 또 동암교회 창립 멤버인 다른 가정들이 그분들을 맞이할 수 있도록 미리 준비하고 계셨던 것이 하나님의 섭리였고, 또 지금의 동암교회가 있기까지 외할아버지께서 밀알의 역할로서 초창기에 있던 사람들에게 믿음을 심어주셨던 사역을 하나님께 감사드린다.

우상준 장로님을 중심으로 한 그분들이 그 교회를 통해 은혜를 받고 동암교회의 귀한 일꾼들이 되어 개척한 지 20년 후인, 1990

년에 새로 창립된 온누리선교회를 통해 태국에서 사역하시던 양병화, 김숙자 선교사님 부부를 돕기 시작하였다. 그 후에 그 선교사 부부가 여러 번 동암교회를 방문하여 말씀과 선교보고를 하게 되었다.

선교회의 초대 총무와 회계를 지내셨던 우상준 장로님은 2000년에 소천하시고, 그 다음 세대의 자녀가 총무가 되어 현재까지 봉사하고 있으며, 우 장로님의 사모님인 임영덕 권사님께서는 온누리선교회의 기둥과 중심역할로 창립시부터 지금까지 일하신다. 하나님께서 그분들을 통하여 동남아시아와 서남아시아에 있는 분들을 위해 선교의 일군과 밀알들로 사용하고 계시다.

"나는 심었고 아볼로는 물을 주었으되 오직 하나님은 자라나게 하셨나니, 그런즉 심는 이나 물 주는 이는 아무것도 아니로되 오직 자라나게 하시는 하나님뿐이니라"(고전 3:6-7)

PS:

다음의 글은 얼마 전 임영덕 권사님이 외할아버지와 동암교회에 관해 이야기하신 것을 내가 간접적으로 들은 것이다.

이숙영 권사님과 허 목사님 사모님이 우 장로님 가정 위해 기도해 주시고, 우상준 장로님(당시 성도)이 심장병으로 동암교회 참석하시어 허 목사님의 강단 기도시에 서약기도 후 빛이 임하여 치료해 주셨다.

　　　　　　-외손녀 정선미 Church at High Point, NC, USA(Global Missions, Inc)

## 오랜만에 생각난 우상준 장로님

사촌동생 선미가 미국에서 양병화 선교사에게 전해 듣고 쓴 이

원고에 한두 가지 보탤 부분이 있어서, 덧붙여 쓴다.

동암교회가 설립된 십정동의 옛이름이 열우물인데, 가장 커다란 동네가 동암교회가 있던 양계단지였고, 그 다음 큰 동네가 기찻길 건너 십정농장이었다. 내가 어릴 적에 감명 깊게 읽었던 『보리피리』라는 시집을 내신 한하운 시인이 이 동네 설립자 가운데 한 분으로, 완치된 분들이 양계 중심의 사업을 하며 사는 동네였다.

아버지(허태형 장로)가 양계를 하면서 사료 판매나 병아리 분양 등의 작은 사업을 함께 하셨는데, 이따금 전염병이 돌거나 급하게 사료가 떨어지면 이 동네에 가서 이분들과 의논하셨다. 이분들이 먼저 양계를 시작하셨고 규모도 컸기 때문에 배울 점이 많았다. 일반인들과 왕래가 많지 않던 동네였지만, 우상준 장로님이 가장 먼저 동암교회에 등록하셨고, 여러 가정이 같이 예배드렸다.

나중에 알았지만 우상준 장로님은 예전에 교사 생활을 하셨다고 한다. 그래서 여름성경학교를 할 때 많이 도와주셨고, 자녀들이 주일학교 학생들이어서 나도 친하게 지냈던 기억이 난다. 아드님이 대를 이어서 선교사업을 한다니, 할아버지가 뿌리신 씨를 우리 대신 추수하시는 그분들께 감사드린다.

우상준 장로님이 동암교회에 등록하게 된 사연을 확실하게 알고 싶어서, 2020년 10월 30일 오후 3시에 동암교회 비전센터에서 마침 한국에 나와 있던 양병화 선교사, 박봉순 권사(최원유 장로 며느님)와 함께 임영덕 권사님을 만났다. 아래 이야기는 양병화 선교사와 임영덕 권사님의 말씀을 (필요한 부분만) 발췌한 것이다.

- 손자 경진

## 온누리선교회의 모델이 된 동암교회

온누리선교회가 모이면 우상준 장로님은 늘 "환자 선교는 우리 동암교회처럼 해!"라고 말씀하셨다. 가는 곳마다 환자들의 마을과 교회를 도와주시면서 "우리가 환자 출신이라도 자녀 교육을 하려면 도시로 가야 해. 건강한 마을이 필요해. 환자끼리 모여 살지 말고, 오픈해서 함께 어울려 살아야 해."라고 하셨다.

장로님들이 시작한 이 공동체가 지금은 수많은 교회와 학교들을 후원하는데, 온누리선교회 30년의 모델이 바로 동암교회이다. 온누리 공동체는 지금 태국, 네팔, 라오스, 방글라데시, 미얀마, 페루, 캄보디아에 선교센터를 설치하여 운영하고, 여러 교육기관을 설치하거나 지원하고 있다.

우 장로님이 허 목사님 통해 병을 고치고 하나님 인도를 받아 선교한 소식이 정선미 선생을 거쳐 다시 허경진 교수님에게까지 들렸으니 하나님의 은혜는 정말로 놀랍다.

- 양병화 선교사(온누리선교회. 태국 선교사)


## 남편의 심장병을 낫게 하고 선교의 사명감을 일으켜주신 허응숙 목사님

허응숙 목사님과 함께 찍은 사진이 많았는데, 집을 리모델링하면서 다 없어져 가져오지를 못했다. 우리 부부는 허 목사님을 가장 존경한다.

남편이 병이 나은 뒤에도 몸이 약했는데, 결국 심장병이 도져 병원에서 "석 달밖에 살지 못한다"는 선고를 받았다. 가난한 시절이라 음식도 제대로 먹지 못했고, 한 알에 25원 하는 진통제 바랄

임영덕 권사(가운데)와 인터뷰한 허경진 부부

긴도 제대로 먹지 못했다.

마지막으로 기도라도 해보겠다고, 남들이 없는 새벽에 동암교회에 왔다. 아주 멀지도 않은 거리인데, 몇 번을 쉬어가며 왔더니, 새벽기도가 끝나 교인들은 다 돌아가고 연로하신 허 목사님 혼자서 강단에서 기도하고 계셨다. 남편이 똑똑해서, 공약적인 기도를 했다. "하나님! 저를 한 번만 살려 주시면, 평생 주를 위해 살겠습니다." 허 목사님이 간절히 기도하시자 강단에서 환한 빛이 남편에게 비쳤다. 마치 전류를 맞은 듯한 느낌이 들며, 병이 나아졌다는 믿음이 생겼다. 심장이 쿵쾅쿵쾅 돌아가는 소리가 들렸다.

남편 나이가 37~38세였는데, 그때부터 밥도 잘 먹고, 산에도 잘 올라다녔다. 나도 동암교회 입당예배 때부터 남편과 함께 다녔다. 후임자 김창주 목사가 사임한 뒤에, 허 목사님이 이미 90세가 넘으셨지만 우리가 가서 모셔다가 다시 설교를 부탁하였다. 어려운 시절에 반년 동안 임시목사로 봉사하시면서 동암교회를 안정시키셨다. 허 목사님은 정말 진실한 목자이시다.

허 목사님과 하나님께 약속한 대로, 남편과 나는 주를 위해 살면서 온누리에 선교하는 것을 여생의 사명으로 삼았다.

-임영덕 권사(동암교회)

### 내 친구 권혜숙

경진 오빠가 이 책을 내기 위해서 임영덕 권사님을 찾아뵙는다니, 40년도 훨씬 전 그 동네에 살았던 옛날 동암교회 친구 권혜숙이 생각난다.

임영덕 권사님이 다른 교회에서와 달리 동암교회가 그분들을 환영하며 맞아준 것에 눈물 흘리며 진심으로 고마워했다는 이야기를 엄마를 통해 여러 번 들었다. 그 덕분에 나는 아무 거리낌 없이 혜숙이랑 놀고 그 집, 그 동네에 자주 왔다 갔다 해서, 지금도 기찻길 건너 그 동네 풍경이 떠오른다.

혜숙이 외삼촌 하철호 선생님은 옛날 교회 사진 속에 늘 오빠 옆에 서 있던 키가 크고 마른 모습이었다.

2000년도에 내가 아이들과 한국을 방문해서 언니 오빠네 집에 있는 동안, 엄마와 아버지가 한국을 방문하셨다. 그때 마침 동암교회 창립 30주년 기념예배에 참석하게 되셔서, 우상준 장로님께 극진한 대접을 받으셨다고 하셨다.

그날 우상준 장로님 며느리가 엄마에게 "제가 혜란이 친구입니다."라고 소개를 했다고 한다. "혜란이가 마침 서울에 와 있다"고

하시니까 좋아하며, "저를 꼭 만나고 가라고 해 주세요"라고 했다는데, 결국 만날 틈이 없어서 그대로 돌아왔다.

우 장로님 며느리가 혜숙인가? 아니면 교회에서 같이 놀던 다른 친구?

친구야! 혹시 이 책을 보면 내게 꼭 연락 바란다.

(오빠가 임영덕 권사님을 만나서 확인해보니, 며느님 이름은 수희라고 한다. 그날 엄마에게 내 친구라고 인사한 사람은 며느님이 아니라 다른 교인이었던 것 같다. 그러고 보니 그 친구가 누구인지 더 궁금해진다.)

– 손녀 혜란

## 7) 원로 목사로 추대되고 애국지사로 표창받다

김영숙 전도사가 목회를 도울 때에는 허응숙 목사가 주일 낮예배와 밤예배를 인도하였지만, 성전을 봉헌하고 교인들이 늘어나자 저녁예배 설교를 맡으면서 목회를 전적으로 보필할 남전도사가 필요해졌다. 그래서 총회신학대학을 졸업한 김진이 전도사를 1974년 1월 3일에 초빙하여 주일 밤예배 설교를 맡겼다. 그러나 허 목사가 이미 85세가 되어 계속 당회장을 맡는 것은 교회 발전에 도움이 되지 않는다고 생각하여, 그해 12월 10일에 사임하고 원로 목사로 추대되었으며, 황남노회에 후임 교역자 파송을 청원하였다. 노회에서 추천한 군장교 출신의 김창주 목사가 12월 12일에 부임하였다.

허 목사는 후임 목사가 부임한 뒤에 원로 목사로 추대되고, 동암교회 사택에서 나와 교회 앞에 있던 부속건물(사찰이 살던 건물)에서 생활하였다.

애국지사 표창 후 삼일절 기념식에 참석한 허 목사

허 목사는 자녀들이 애국지사 등록을 하자고 할 때마다, "나라 위해서 독립운동을 한 것은 국민의 당연한 도리인데, 무슨 장한 일을 했다고 표창을 받아야 하느냐?"고 반대하였다. 애국지사로 표창받으면 보훈연금과 함께 손자들의 대학 등록금을 지원해줄 정도로 많은 혜택을 보지만, 모두 거절한 것이다.

어느 날 작은아들(허태룡 장로)이 방송을 듣다가 마침 광복회 이강훈 회장이 "내가 만주 신민부에서 독립운동할 때에 허빈이라는 분을 상관으로 모셨는데, 정말 존경스런 분이다. 그분의 후손을 꼭 만나고 싶다"고 말하는 것을 우연히 듣고 연락하였다. 이강훈 회장이 관련 서류를 찾아주고 보증을 해주어, 허웅숙 목사와 동생 허성묵 전도사(독립운동사에는 허빈, 또는 허백도라는 이름으로도 활동하였음)가 애국지사로 등록되고 대통령 표창을 받게 도와주었다. 허웅숙 목사는 1990년에 건국훈장 애족장을, 허성묵 전도사는 건국훈장 독립장을 추서받았다.

### 91세에 임시목사로 동암교회 과도기를 관리하다

김창주 목사가 부임하고 3년이 지난 1977년에, 우리 가족을 포

함한 16가정이 동암교회에서 나와 성화교회(석천제일교회)를 새로 개척하였다. 할아버지는 계속 동암교회 소속 원로 목사로 출석하셨는데, 김창주 목사가 1979년에 사임하고 은평교회를 설립하면서 동암교회에 잠시 당회장이 없었다.

이 시기에 할아버지가 다시 임시목사로 활동하였다. 그러나 91세에 설교까지 매주일 하실 수가 없어서, 다른 교회 목사와 동암교회 전도사들도 설교하였다.

이 시기 할아버지의 활동은 사진 두 장으로 설명할 수 있다. 하나는 배성조 장로와 함께 학생회 수련회에 참석하신 사진이고, 하나는 1979년 10월 21일 주보 표지에 담임목사로 기록된 것이다. 할아버지가 1909년부터 목회를 시작하셨으니, 성역 70주년을 동암교회에서 맞으신 셈이다.

- 손자 경진

1979년 10월 21일 동암교회 주보

1979년 초성리 학생회 수련회에 참석한 91세 허응숙 목사

## 92세에 소천하여 새 성전의 기초 위에서 발인예배를 드리다

1980년 1월 6일에 손두환 목사(총회신학대학 교수)가 동암교회 임시목사로 청빙되어 할아버지의 임시목사 봉사도 끝났다. 할아버지는 이 무렵부터 노환이 심해져, 우리 집으로 들어와 함께 살았다.

동암 전철역 주위에 택지가 개발되어 인구가 많아지고 새 목회자가 부임하여 교인도 늘어나자, 1980년 10월 6일에 동암교회 새 성전 기공예배를 드리고 새 정전을 건축하기 시작하였다.

교회 지하실공사가 끝날 무렵인 12월 10일에 할아버지가 92세를 일기로 하나님의 부르심을 받았다. 황남노회에서 발인예배를 주관하고, 아버지가 설립한 인천기독교상조회 교회묘지에 안장하

동암교회 새 성전 콘크리트 기초 위에서 치른 발인예배

발인예배에 참석한 맏아들과 작은아들, 손자 둘, 큰사위, 조카

철근 사이에서 발인예배 축도

인천 교회묘지 안장

지금의 동암교회.
오른쪽 아래 건물이 비전센터

였다. 만성(晚成)이라는 아호 그대로 평양신학교를 18년 동안 다니며 수많은 교회를 개척하다가, 82세에 마지막으로 동암교회를 개척하고, 91세에 다시 임시목사로 봉사했던 한평생이 모두 하나님께 바쳐진 생애였다.                              — 손자 경진

## 대전 국립묘지(현충원)에 이장하다

할아버지가 1980년 소천할 때에는 동작동 국립묘지에 여유가 없어서 대전에 새로운 국립묘지를 공사하고 있었는데, 1985년에 준공되어 애국지사들에게 묘소를 추가로 배정하였다.

대전 국립묘지(현충원)에 묘소를 배정받게 되자, 미국에 있던 자녀들까지 모두 귀국하여 1990년 10월 25일에 이장하였다. 비석 전면에 애국지사 본인을 가장 잘 표현하는 문장을 넣게 되어 있어서, 1919년 삼일만세운동을 주도하다가 체포되어 재판받던 중 상

국립묘지 안장식

고심 판결문에 기록된 최후 발언을 한 줄 발췌하여 새겼다.

우리 민족은 일제의 압제(壓制)를 벗어나 자유(自由)를 갖고자
한 것이고, 조선 민족으로서 지극히 당연한 소청(所請)이므로 본
인의 독립운동(獨立運動) 시위(示威)는 무죄(無罪)이다.

　　　　　　　- 일제에 의해 징역 3년을 언도받는 평양복심법원 법정(法廷)에서.
　　　　　　　　　　　　　　허응숙 지사(志士)님의 말씀 중에서

안장을 마친 뒤에 기도하는
네 딸과 작은아들

안장식을 마친 허 목사 자녀들

244

현충원 애국지사 허응숙 묘비

묘비 후면의 가족 명단

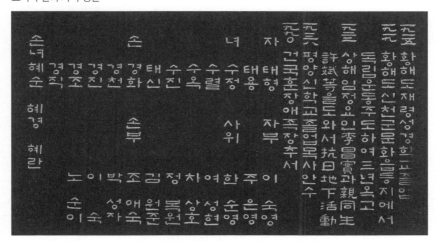

# 가족들의 기억

# 막내딸의 아버지 기억

나는 막내였기 때문에 온 식구들이 다 같이 살았을 때의 기억은 별로 없고, 큰오빠나 큰언니들이 결혼해서 집을 떠난 후에 작은언니와 작은오빠와 같이 놀던 기억이 많다.

아버지가 교회를 옮길 때마다 학교도 옮겨야 했기 때문에 친구가 없어, 나는 늘 작은오빠(태룡)가 가는 반에 따라다니며 내 또래들보다 몇 년 앞서 공부했다.

아버지가 집에 들어오시기 전까지 언니, 오빠랑 잘 놀다가도, 아버지가 집에 들어오시는 소리만 들리면 놀던 일을 중단하고 조용히 한쪽 구석에 가서 앉아 있었다. 아버지가 무어라고 해서가 아니라, 그냥 무서워했던 것이다.

나중에 아버지가 교회에서 설교하는 중에 "나는 우리 아이들한테 무섭게 하는 것이 없는데, 왜 아이들이 나를 어려워하는지 모르겠다"고 하셨다.

그래도 막내라서 많은 시간을 아버지와 함께 보냈고, 거제도 피난까지도 함께 다녔다.

특히 그때 배운 다이아몬드게임은 지금 90이 넘은 이때까지도 내가 가장 즐기는 유일한 게임이다. 우리 집에선 누구도 나를 이기지 못하는 다이아몬드 챔피언이다.

- 막내딸 수진(정복원 목사 사모)

# 내 이름을 불러주셨던 아버님

내가 아버님을 생각할 때, 이날까지 가장 감사하고 좋았던 것은 며느리들의 이름을 직접 불러주시는 거였다.

"숙영아!" (내 이름)

"은영아!" (동서 이름)

이렇게 불러주실 때면 내 친정아버지처럼 가깝게 대해드리게 되었고, "나를 한 사람으로 대접해주시는구나" 하는 마음에 내가 인정받는다고 여겨져서 늘 감사했다. 그 무렵엔 대부분 다른 집의 시어른들이 며느리를 "애기야!" "얘야!" "누구 에미야!"로 부를 때였다. 여자가 결혼하고 나면 자기 이름을 쓸 일이 없어지던 때였기에, 내 이름을 불러주실 때마다 마음으로 늘 반갑고 좋았다.

– 큰며느리 이숙영 (미국 퀸즈교회 권사)

# 조카며느리에게 안방 아랫목을 내주신 큰아버님

이제는 60년도 더 지난 옛날, 부평 시누이(태신)의 결혼식에 참석하기 위해서 경상북도 영주에서 기차로 출발하여 인천 큰댁(허태형 장로댁)에 다음 날 아침에 도착하였다. 맏딸 경해와 맏아들 경선이를 데리고 방문하였다.

큰시아버지께 인사를 드리기 위해 계시는 방에 들어가니, 윗목에는 시누이들이 와 있었고, 아랫목에는 큰시아버지께서 계셨다. 큰시아버지께서 일어서시면서, 아랫목을 조카며느리인 나에게 내어 주셨다.

"추위 속에 멀리서 왔으니, 따듯한 데서 편히 쉬어라."
라고 말씀을 하시며 방을 나가셨다. 우리 친정은 유교문화(儒敎文化)와 남존여비(男尊女卑) 풍습이 강한 안동(安東)이었는데, 그런 지방에서 태어나고 성장하여 살고 있는 나는 상상할 수 없는 상황을 맞았다.

그래서 당황해서 어쩔 줄을 몰라 하는 중에, 시누이들이 "아버지께서 시키는 대로 하라"고 하여, 아랫목에 좀 앉아 있었더니 졸려서 나도 모르게 깜빡 졸았다. 시누이들이 "누워서 편히 자라"고 하면서 이불을 덮어주었다.

"조금만 누웠다가 일어나야지" 하고 생각하며 누웠는데, 얼마 뒤에 일어나 보니 다른 분들은 이미 점심을 다 먹고 난 뒤였다. 내가 일어난 것을 보고 시누이들이 점심을 차려 주었다. 나는 시누이들에게

밥상을 받으면서도 좌불안석(坐不安席)이었다.

우리 안동 지방에서는 시아버지가 며느리에게 아랫목을 내주는 것은 생각할 수도 없는 일이었다. 설사 내준다고 하더라도 사양하고, 며느리가 차지해서는 절대로 안 되는 일이었다.

내가 살던 안동 지방과는 너무도 다르게 사람을 진심으로 위하고 사랑하는 큰시아버지와 시누이들의 다른 세계를 그때 처음으로 경험하였다.

- 조카며느리 임숙이

4녀 태신과 김원준 목사의 결혼식. 아랫줄 오른쪽 첫 사람이 영주에서 올라온 조카며느리(임숙이). 맏아들 경선을 안고 있으며, 맏딸 경해는 그 옆에 허 목사가 데리고 사진 찍었다. 화동은 손자 허경진, 외손녀 차매경

# 작은 삼촌이 손으로 써서
# 크게 만들어 드린 찬송가


　내가 국민학교 3, 4학년 때에 작은외삼촌 부부가 우리 집에 같이 살며 삼촌이 숭실대학교를 다니셨는데, (그 얼마 후 내가 국민학교를 졸업할 때 사촌이 졸업선물로 하모니카를 사 주셨지요.)

　그 당시 난, 여러 번 엄마와 삼촌이 "아버님이 이 찬송은 좋아하시고, 저 찬송은 잘 안 부르셨지?" 하며 때때로 "그렇지?" "그렇지" 하며 서로 웃는 걸 보고, '도대체 왜들 그러나' 해서, (사실 평소 삼촌 방을 몰래 들여다 보노라면, 내가 장난하고 싶을 만한 것들이 항상 많았기에 더욱 궁금하기도 하여) 슬쩍 삼촌이 하시는 걸 들여다보았지요.

　삼촌은 하얀 종이에 찬송가 가사를 정성스럽게 잉크로 쓰고 계셨고, 그것으로 찬송가 책을 한 권 만들고 계셨지요.

　얼마 후 할아버지가 우리 집에 오셨을 때, 삼촌이 예쁘게 Hand Made로 완성된 그 찬송가 책을 드렸고, 할아버지는 커다랗게 웃으시며 "이걸 네 손으로 직접 만들었단 말이지?" 하시며 무척 기뻐하셨답니다.

　할아버지가 백령도에서 목회하시는데 찬송가가 너무 낡아서 새로 사 드리려니 큰 글씨로 인쇄된 게 없어서, "할아버지에겐 전혀 필요 없을 콩나물은 빼고" 가사만 커다랗게 잉크로 쓴 찬송가였답니다.

- 외손자 차득원(필라델피아제일장로교회)

### 덧붙임

할아버지께서 1970년 9월에 마지막으로 동암교회를 개척하실 때
에는 이미 82세가 되셔서, 찬송가 책 가사를 읽기 힘드셨다. 그것도
사방 벽을 흰 페인트로 칠하고 조명을 환하게 한 기성 교회당 건물이
아니라 닭장을 개조하여 임시로 사용하는 건물이었기에 사방의 벽
은 거무스름한 시멘트 벽돌이었고, 천정에도 100촉짜리 백열등 두
어 개뿐이었다.

강대상 위에 목회용 찬송가와 성경이 늘 펼쳐져 있었지만, 글자가
너무 작아 할아버지께서 읽으실 수가 없었다. 그때 대한성서공회에
근무하시던 작은 아버지(위에서 말한 득원 형의 작은외삼촌)께서 가장
큰 강대상용 성경전서와 찬송가를 구하여 할아버지께 선물하셨다.
1956년 개역 한글판 성경전서(1968년 인쇄본)였는데, 성경이 너무 무
거워서, 할아버지께서 세 권으로 나누어 제본하셨다.

상권은 구약 「창세기」부터 「역대하」까지 묶어서 「구약일권 창-역
대하」라 쓰시고, 「에스라」부터 「말라기」까지 묶어서 「구약이권」이라
쓰셨다. 마지막 장에 "구약은 今日 새벽에 다 봉독하고 내일부터는
신약으로 넘어서게 된다"고 쓰셨는데, 아쉽게도 신약 한 권은 언젠
가 없어지고, 구약 두 권만 내가 간직하고 있다.

- 손자 경진

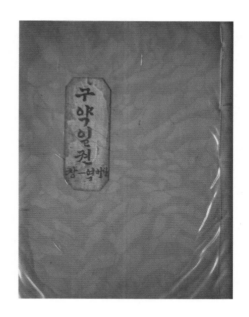

# 갓 태어난 나를 뉘어놓고
# 목사 사모가 되라고 기도해주신 외할아버지

우리 부모는 황해도에서 결혼 생활을 하시다가, 1951년 1·4후퇴에 전라도 목포로 피난 오셨다.

나는 1952년 피난지 목포에서 태어났는데, 당시 할아버지는 피난지 거제도에서 장목교회를 개척하여 목회를 하고 계셨다. 외할아버지는 딸(수옥, 나의 어머니)이 아이를 낳았다는 소식을 듣고, 교통이 몹시 불편하던 시절인데도 어느 날 목포까지 찾아오셨다.

외할아버지께서 갓난아기 매경이를 위해 기도하신 후, "너는 장차 목사 사모가 될지어다."고 축원하셨고, 그 이후에도 나를 보실 때마다 그 이야기를 하셨다. 물론 갓난아기 때의 목사 사모 이야기는 그 뒤 엄마에게서 여러 번 들은 것이다.

내가 1972년 미국으로 떠나는 날, 외할아버지께서 김포공항까지 나오셔서 '공항 이별예배'를 드리셨다. 당시 외할아버지는 84세 되신 몸으로 큰외삼촌(허태형 장로)과 함께 인천에서 동암교회를 개척하고 계셨는데, 나에게 축복 기도를 해주시기 위해 노구의 몸을 이끄시고 김포공항까지 나오셨던 것이다.

외할아버지의 예언과 기도대로 나는 결국 목사 사모가 되었고, 중국에서 선교사로 활동하였다. 어느 탈북자로부터 "예전에 허웅숙 목사님의 설교를 들었다"는 말을 들은 것이 한국과 미국, 중국을 이어

결국 이헌봉 선교사와 결혼한 차매경 선교사


준 외할아버지 기도의 응답이라고 생각된다.


– 차매경(미국 WEC 선교사)

# 꿈속에서 씨앗이 가득 든
## 선교의 보따리를 내게 주신 외할아버지

엄마(허수진)는 외할아버지가 교회를 옮기실 때마다 학교를 옮겨야 했고, 또 어떤 곳에는 학교도 없어서 결국은 배움의 기회를 놓치고 말았기 때문에 늘 학교에 대한 아쉬움이 있었다.

그래서 내가(정선미, Sunmi Rosenberg) 수도여자사범대학 부속고등학교에 입학할 때에 누구보다도 기뻐했던 사람이 엄마였다. 우리학교에서 하는 특별행사 때에는 엄마가 이미 여든이 훨씬 넘으신 친정아버지(나의 외할아버지)를 모시고 오신 적도 있었다. 다른 아이들은 자기 부모님도 오시지 못하는데 할아버지까지 모시고 온 나를 부러워했었고 또 나는 무척이나 할아버지가 자랑스러웠다.

내가 대학교에 다니면서부터 거듭남과 살아있는 하나님의 말씀을 경험하여 전도하기를 시작할 무렵에 꿈을 꾼 적이 있었다. 외할아버지가 나에게 씨앗이 가득 들어있는 큰 보따리를 주셔서 그것을 받아들고 밭에 나가 뿌리는 것이었는데, 그 꿈을 3번이나 계속해서 꾸었다.

할아버지가 나에게 주신 씨앗들은 그냥 우리가 흔히 보는 씨앗이 아니었다. 자세히 보니까 그것은 사람들의 머리들이었다. 그 씨(머리)들을 밭에다가 뿌린 후에 돌아보니까 그곳에서 사람들이 많이 나와서 각자의 곳으로 가는 것을 세 번씩이나 꿈에서 보았기에, 나는 그 꿈을 분명히 오랫동안 기억하고 있다.

요즘 동암교회의 역사를 보면서 깨달은 것이 초창기 때에 할아버지가 하신 일, 그리고 그 당시 한센인들이 지금의 온누리선교회를 돕기 위한 한 알의 밀알과 같은 역할을 한 것 같아, 나도 이름 없이 빛도 없이 감사하며 주님을 섬기기를 기도하며 지낸다.

"내가 진실로 진실로 너희에게 이르노니, 한 알의 밀이 땅에 떨어져 죽지 아니하면 한 알 그대로 있고, 죽으면 많은 열매를 맺느니라."

- 요한복음 12:24

목회자, 독립운동가로서뿐만 아니라 한 가정의 아버지로서 또한 할아버지로서 자손들에게 믿음의 유산을 전해줄 수 있도록 우리의 가정을 지켜주신 하나님 아버지께 영광을 돌린다.

- 외손녀 정선미(Church at High Point, NC, USA(Global Missions, Inc).<br>하이포인트 교회(글로벌 미션)

어머니날 행사에 와주신
외할아버지

# 내 손으로 만들어 드렸던 목사 가운

내 친정아버지 모시듯 아버님을 모시며 살아오는 동안 내 손으로 아버님의 목사 가운을 만들어드린 적이 있었는데, 세월이 많이 지나도 잊히지 않는다.

아버님께서는 삼일만세운동 때에 문화읍 장날 시위를 주도하시다가 3년 감옥 생활을 하신 뒤에도 당신 아래 동생이 만주에서 독립운동하시는 동안 당신 가족은 물론 동생네 가족까지 보살피시느라 50세가 되어서야 신학을 마치고 목사 안수를 받으셨다.

한 교회의 담임목사라 하면 응당 목사 가운을 입는 것이 전통처럼 되어왔는데, 우리 교회는 그 가운을 사드릴 형편이 되지 못했다. 남편은 나에게 여러 번 "우리가 무슨 수를 내서든지 아버님 가운을 꼭 마련해 드려야 한다."고 하였지만 정말 무슨 수를 낼 방도가 전혀 없었기에, 우리 부부는 여러 날 고민을 했다.

어느 날 남편이 "여보! 내가 생각해보니 당신 바느질 솜씨면 아버님 가운을 만들 수 있어. 내가 어디 가서 천을 구해올 테니 한번 만들어봐. 분명히 할 수 있으니까, 한번 해보자구." 하면서, 그때까지 한번도 꿈도 꿔보지 않은 목사 가운을 만들도록 자꾸 부추겼다. 처음엔 엄두가 나질 않았지만, 머릿속으로 가만히 생각해보니, "옷본만 있으면 종이에 대고 따라 그리고, 그것을 잘라 원단에 다시 베껴 그렸다가 자르면 되겠구나." 싶었다.

그런데 그 옷본을 어디서 구한단 말인가.

생각 끝에 같은 고향 분이신 이삼성 목사님(현재 인천제2교회 원로 목사)께 부탁을 드려 목사님의 가운을 빌려와 집에 가져다 놓으니 한 시름이 놓였지만, 이번에는 가운을 만들 옷감을 구하는 비용이 역시 부담이 되었다. 천을 파는 가게에 가보니 눈으로 보아도, 손으로 쓸어보아도 돈을 조금만 더 주면

허응숙 목사가 진촌교회 목회 시절 성역 40주년 기념식에서 며느리가 만들어 드린 가운을 입었다. 뒤에 중화동교회 허간 목사가 보인다.

훨씬 훌륭한 가운이 만들어질 게 분명한 옷감을 알아보았지만, 그것을 사지 못하고, 형편이 되는 한도에서 천을 사 올 때 아쉽고 죄송했던 마음이 아직도 가시질 않는다.

그렇게 아쉬운 마음으로 이 목사님의 가운을 다 뜯어서 종이 위에 대고 그려서 본을 잘 만든 덕분에, 한 땀 한 땀 손바느질로 정성을 기울여 아버님의 가운을 다 만들었다. 가운이 완성되었을 때,

"아버님! 제가 가운을 만들어 왔어요."

했더니, 아버님이 놀라시면서 두 손으로 받으셨다. 어린애들이 크고 좋은 장난감을 받으며 믿기지 않아 하는 모습 그대로 눈과 입을 크게 벌리시곤, "이게 정말 내 가운이냐?"고 연신 물으시며 좋아하시던 표정이 아직도 눈에 선하다. 세상에 그렇게 좋아하시던 모습은 이전에

본 기억이 없다.

그 가운을 걸어놓으시곤 집에 찾아오는 사람들에게,

"이게 내 자부가 나를 위해 만들어준 가운이랍니다."

라고 전에 없는 자랑을 하고 또 하셨던 기억이 난다.

내가 이미 예상하던 대로 그 가운은 한번 입고 나시면 사방에 구김이 가면서 옷 모양이 그리 좋지 않았지만, 다행히도 아버님은 그런 것까지는 신경 쓰지 않으셨다.

오래지 않아 그 가운은 못 입게 되고 말았다. 아버님 말씀으로는 "입고 난 다음에 옷걸이에 걸지 못하고 다락방에 잠시 걸쳐 놓았다가 며칠 만에 꺼내 보니 쥐가 다 쏠아버려 입지 못하게 되었다"고 하시면서 제대로 건사하지 못하신 불찰을 어찌나 미안해하시던지, 나는 아무 말도 하지 못했다. 내 손으로 만들어 드린 옷이 망가진 것에 서운한 정도는 아버님이 그렇게 좋아하시던 가운을 못 입으시게 된 서운함에 비길 게 아니었기 때문이다.

그리고 얼마 되지 않아서 서울 사는 동서와 힘을 합해 제법 좋은 목사 가운을 구해 드리고 나서야 자녀로 도리를 다하였다.

- 큰며느리 이숙영(미국 퀸즈교회 권사)

# 해군 군함을 타고 다녀왔던 백령도

Apr. 1, 2010

지난 주말부터, 고국 뉴스에서는 백령도 근해의 군함 침몰 사건으로 온통 떠들썩하답니다. 어떻게, 왜, 이런 일이 일어났는지는 이 시각 현재 파악이 안 되고 있다 하고, 매우 안타까운 일이지만, 제발 다른 불상사가 더 이상 발생하지 않기를 바랄 뿐이지요.

백령도.

그곳은 우리나라 서해 최북단의 섬, 우리의 용감한 해병대와 미군이 주둔하고 있는 곳, 그리고 신문에 나는 대로 이따금 북한의 선박들이 근해에 나타나곤 하는 바로 그 섬이지요.

그런데 그곳을, 내가 고등학교 1학년 여름 방학 때 "나무상자" 외삼촌과 또 여러 다른 분들과 함께 방문했었지요.

나의 어머니 형제는 다섯 남매인데,

맨 위의 언니(나의 큰 이모) ; 지금 98세인데, 이 근처 딸 집에 살며 자주 우리 집에 놀러 옴.

오빠(나의 큰 외삼촌) ; 95세, 목포에서의 '나무상자' 외삼촌.

엄마(제일 가운데) ; 89세.

남동생 ; 85세, '하모니카' 외삼촌.

여동생 ; 80세, 나하고 제일 친한 막내 이모. 지금 우리 집에서 엄마와 같이 재미있게 살고 있음.

그런데, 나의 아버님 쪽으로는 거의 가족이 없고, 어쩐 일인지 다른 친척들도 다 엄마 쪽으로만 가깝게 살고들 있지요. 그래서 우린 어렸을 때부터, 외삼촌이나 외할아버지를 '외' 자를 안 붙이고 그냥 삼촌, 할아버지로 부르고 있지요.

어느 날 엄마한테 물어보니 "할아버지 이전 3,4대 선대들 때부터 백령도에 살기 시작했으며, 할아버님도 그곳에서 태어나셔서 육지인 황해도로 유학을 가셨었다"고 하는군요.

또한, 뉴욕에 살고 계신 '나무상자 삼촌'께 여쭈어보았더니, "원래 백령도는 무인도였는데, 옛날부터 사람들을 '귀양'(정부에서, 죄를 지었거나 맘에 안 드는 사람을 멀리 쫓아 보내 버리는 것) 보내는 섬으로 이용하였다"고 하는군요.

어쨌거나, 내가 고1 때, 지금은 돌아가시고 안 계신 나의 할아버지는 그 백령도에서 목사님으로 '사곳 교회'를 섬기고 계셨고, 지금 우리 집에 같이 살고 계시는 나의 작은 이모부인 정복원 목사님(당시 군목, 육군대위)의 주선으로 30여 명의 서울지역 목사님들이 백령도로 피서 겸 할아버지인 노 목사님을 문안 갔었지요.

당시엔 선박 사정이 아주 열악할 때여서, 군목이었던 이모부의 주선으로 우린 해군 군함을 이용할 수 있었으니, 그 또한 흔치 않은 좋은 경험이었지요. 이번에 침몰했다는 군함의 길이가 88미터, 그리고 함장의 계급이 중령이라 하던데, 나도 백령도까지 가면서 바다 가운데서 두세 번 배를 바꿔 타는 중 그러한 크기의 군함도 타 보았지요.

여하튼, 당시 대학생이던 큰 삼촌의 둘째 아들인 나의 사촌형님도 같이 갔었는데, 거기서 1주일간 아주 재미있게 보내고 집으로 돌아올 때, 우린 할아버지의 명령으로, 그곳에서 태어나서, 그곳을 한 번도 떠나본 적이 없던, 피부가 검게 그을긴 했지만 정말 순수하기만 한 20여 세쯤 된 어느 '섬마을 처녀'와 같이 왔지요.

할아버지의 설명에 의하면, 그녀는 얼마 전 그곳 어느 청년과 약혼하고 결혼 날만을 고대하고 있던 중, 어느 날 갑자기 불어 닥친 풍랑으로 고기잡이 나간 그녀의 약혼자는 바다에서 끝내 돌아오질 않고, …

하여튼 우리 집에서 몇 달 동안 머물던 그녀는 우울하기만 하던 모습을 많이 떠나보내더니, 그 얼마 후 엄마의 주선으로 어딘가로 가 버렸지요.

난 그녀의 겉으로는 태연하게 명랑한 것 같으면서도 어딘가 마음 한구석에 있을 슬픔 같은 걸 안타깝게 생각하곤 하던 어느 날, 학교에서 돌아오는 전차 안에서 밖을 내다보다가 덕수궁에서 이번 토요일 밤 서울시립교향악단의 연주가 있다는 현수막을 발견하게 되었고, 백령도에 같이 갔던, 당시 대학생이던 사촌형을 졸라서 그녀와 같이 셋이서 토요일 밤 콘서트를 관람하게 되었지요.

그날 밤 프로그램의 몇 번째 곡인가 '주페'의 「경기병 서곡」이 있었는데, 「경기병 서곡」의 전반부가 지나고, 후반부에 들어섰을 때, 갑자기 하늘에선 세찬 바람과 함께 소나기가 퍼부었는데, 물론 청중들은 전부 비를 피하여 이리저리 지붕 밑으로 뛰어 들어갔고, 비를 고스란히 맞으며 연주하고 있던 단원들은 그러잖아도 빠른 템포의 후반부를 정말 정신없이 빠르게 연주하더니, 끝내기가 무섭게 다들 지붕 밑으로 뛰어 들어갔지요. 물론 다들 깔깔거리며 박수를 치고 있었지요.

그런데, 나중에, 아주 오랜 세월이 흐른, 어느 몹시도 비가 쏟아지던 밤, FM 라디오에서 그 신나기만 하던 「경기병 서곡」이 흘러나오고 있었는데, 난 옛날의 그녀를 떠올리게 되었고, 그날 그 갑자기 불어닥친 세찬 바람과 소나기에, 다들 깔깔거리며 웃고 있었을 때, 그녀는 과연 어떤 슬픈 생각을 하고 있었을까 하고 생각해 보았지요.

그 뒤로도 「경기병 서곡」을 들을 때면 검게 그을린 피부의, 그러나 슬프게 예쁘고, 티끌 한 점 없이 맑고 고운 마음씨의 그 '섬마을 처녀'가 눈에 선하곤 하답니다.

- 외손자 차득원(미국 필라델피아 제일장로교회 집사)

# 사곳 비행장의 추억

할아버지에 대한 추억은 대개 백령도와 연관이 있다.

왜 그때 그랬는지는 모르겠지만 여름방학 때마다 백령도에 자주 갔었다. 한번은 타고 갔던 여객선의 엔진이 밤사이에 꺼졌고(벌써 오십 년 전의 이야기이고 낙후된 배였기에 그랬으리라 짐작된다.) 곤히 잠들어 있는 새벽에 갑자기 사이렌 소리가 시끄러워서 깨보니 해군 함정이 다가와서 경고 방송을 하고 있었다.

사연인즉슨 엔진이 꺼진 배가 밤사이에 군사분계선을 넘어 이북으로 흘러가고 있었고, 이를 레이더망으로 감지한 해군 함정이 나타난 것이다. 결국에는 해군 함정에 의해 예인된 여객선이 백령도에 도착하여 간신히 새벽녘에 할아버지 집에 걸어서 나타나니, 할아버지와 할머니께서 깜짝 놀라는 표정으로 맞이해주던 기억이 새삼 떠오른다.

백령도 사곳이라는 어항에는 바닷가 모래가 그야말로 치밀한 밀도로 말미암아 바다가 썰물시에는 드러나는 모래사장이 임시 비행장이 되는 놀라운 일이 벌어진다. 당시 백령도 유지였던 할아버지에게 떼를 써서 미군부대 군용기를 얻어 타고 오산에 도착하여 거기서 다시 인천 집으로 향했던 기억도 있다.

아버지가 주도하여 개척하셨던 인천 동암교회에 초대 교역자로 할아버지께서 오셨고, 그래서 우리는 처음으로 한동네에 살게 되었다. 그런데 가끔가다 할아버지가 부르셔서 가보면 두루마리 한지와 벼루, 그리고 먹물이 준비되어 있었다. 할아버지께서는 주로 고사성어 가운데 성경에 연관된 "경천애인(敬天愛人)" 같은 내용으로 붓글씨를 써 주시며 내용을 설명하셨던 기억이 난다. 그제서야 작은형님에게 경천(敬天)이라고 이름을 지어주신 이유를 알게 되었다.

- 손자 경조

(좌) 황금 백만 냥이 아들 가르치는 것보다 못하다. 하루라도 책을 읽지 않으면 입 안에 가시가 돋는다. 안중근 의사가 경술년(1910) 3월 26일 여순 옥중에서 남긴 글.

(우) 인의예지(仁義禮智) 삼강오륜(三綱五倫) 하늘에 죄를 얻으면 기도할 곳이 없다. 유교의 가르침.

266

# 할아버지의 첫 기억, 팔순잔치

아버지 연세 48세에 막내로 태어난 내가 할아버지를 처음 뵌 날은 할아버지의 팔순 잔칫날이었는데, 이날 있었던 두 가지 일이 오랫동안 잊히지 않는다.

그날은 아침부터 부엌에서 엄마가 여러 여자 어른분들, 아마도 작은어머니와 고모님들, 그리고 가깝게 지내시던 같은 교회 교인분들과 큰 소리로 웃으시며 바쁘게 잔치 음식을 준비하시던 장면이 부엌에서 풍기던 맛있는 고깃국 냄새와 고소한 기름 냄새와 함께 아직도 가끔 아련하게 기억이 난다.

잠에서 깨어났을 때, 아버지께서 "오늘이 할아버지 팔순 날인데 너에게 숙제가 있다"고 하셨다.

"팔순이 뭐예요?" 여쭸더니 특별한 생신이라고 말씀하시면서, 흰종이 위에 '우리 할아버지 팔순 잔치'라는 문구를 쓰라고 하셨다. 그때 집에는 다섯 살, 여덟 살, 열한 살 위인 언니와 오빠들이 있었는데, 어쩌자고 그렇게 크고 중요한 숙제가 다섯 살짜리, 막내인 나에게 주어졌는지는 모를 일이다. 내가 똑똑하다고 늘 칭찬받은 건 사실이지만.

어쨌든 어찌어찌하여 줄을 맞춰가며 그 문구를 썼고, 그 종이는 안방의 아랫목 쪽에 있는 다락으로 올라가는 문 위에 붙여졌다. 나중에 할아버지께서 앉으실 자리가 바로 그 다락문 아래쪽이었고, 아버지께선 그날 찍혀질 사진의 뒷배경에 그 문구가 들어갔으면 좋겠다고 생각하신 것이리라.

내가 이 숙제를 무사히 마친 다음에, 백령도에 사시던 할아버지께서 도착하셨다. 턱 밑에 긴 수염이 있으신 할아버지께서 내 이름, 혜란이를 "혜난아!"라고 불러주셨는데, 왠지 그게 참 좋았다.

먼 길 오느라 피곤하신 할아버지께서 잠깐 낮잠을 주무시는 곁에, 큰 숙제를 해내느라 지쳐있던 나도 같이 누웠다가 잠시 뒤에 깜짝 놀랄 일이 일어났다. 잠깐 아뜩하게 잠에 빠져드는 순간에 갑자기 내 입 안에 뭐가 들어서 뱉어내다가 눈을 떠보니, 그때까지 입 안에 있던 껌이 할아버지 수염에 달라붙어 있었다. 화들짝 놀라기도 하고, 할아버지께서 깨실까 봐 숨죽이며 수염에 붙은 껌을 걱정스럽게 바라보았다.

아쉽게도 내가 써 붙였던 생신 축하 문구는 사진도 찍기 전에 떨어져 버렸고, 할아버지 수염에 붙었던 껌에 대해서는 더 이상 기억이 없다.

.............................

이 글을 쓰느라고 뉴욕에 계신 어머니에게 전화로 여쭤보니, "사진에 나오려고 생신 축하 글씨를 쓰라고 하신 게 아니라, 네가 너무 시끄러우니까 글씨를 쓰는 동안이라도 조용하겠거니 생각하고 시켰던 거다"라고 하셨다. 내가 기억하던 어린 시절의 나와는 달리, 그 시절의 나는 천방지축이었던가 보다.

- 손녀 혜란

마루에서 찍은 할아버지 팔순잔치 손님들. 할아버지 두 손 앞에 앉은 예쁜 아이가 나(혜란)이다.

할아버지가 앉으셨던 벽 뒤에 '할아버지 팔순 잔치' 글씨가 보이지 않는다. 왼쪽 김정묵 목사

# 할아버지의 커다란 손

## 1. 내 키를 재어주시던 손

내가 동암국민학교에 막 입학하던 무렵에 할아버지께서 우리 집에서 내 걸음으로 걸어 5분도 안 걸리는 곳으로 이사를 오셨다. (나중에 알고 보니 한 집 건너 겨우 20m였다.)

학교에 다녀와도 아직 해가 길던 오후에 나는 혼자서 할아버지 집에 놀러 가곤 했는데, 갈 때마다 할아버지께서 나를 보시면 환하게 웃으시며 좋아하셨다.

아무것도 안 했는데 "혜난아! 거참 용타." 하시면서, 내가 엉덩이를 붙여 앉기도 전에 내 다리를 당신 앞으로 쭉 끌어다가 눕히시며, "어디, 얼마큼 컸나, 재보자." 하셨다.

그리곤, "하나이~" 하시면서 그 커다란 엄지손가락으로 내 발가락 끝을 찍으신 다음, 손을 활짝 펴서 이번엔 새끼손가락을 찍으시고 또 바로 그 자리에서 다시 엄지손가락 찍기를 반복하셨다.

그런데 엄지손가락을 누르실 때면 살짝살짝 옆으로 흔드시는 바람에, 간지러워진 나는 온몸을 접었다 폈다 하곤 했다. 그런 내 모습이 재미있으셨는지 할아버지는 내 키를 아주 열심히 재주셨고, 나는 "하나이, 두이, 서이.." 숫자 세시는 게 재미있었다.

## 2. 십자가 손금

할아버지의 손을 생각하면 또 기억나는 게 있다. 어느 날 할아버지께서 손가락 주름들을 보여주시면서, "보통 사람들은 가로 주름만 있는데 나는 가운데 세로 주름이 하나씩 들어있어서 그 주름이 십자가처럼 보인다. 모두 합해서 두 손에 열 개의 십자가가 들어있다"고 하시면서, 두 손을 활짝 펴 보이시며 너무나 좋아하셨다.

내가 "나는 왜 십자가가 없어요?" 했더니, "하나님 사랑하면서 오래 살면 하나님께서 주실 거다."라고 하셨다. 그 말씀이 기억나서 가끔 내 손가락 주름들을 살피지만, 아직 세로 주름이 한 개도 없어서 부끄럽다. 이제야 겨우 쉰이 넘었으니, 아직 할아버지 나이가 되려면 너무나 멀긴 했지만 ….

## 3. 틈날 때마다 성경 말씀을 써 주시던 손

할아버지가 말씀이 없으실 때는 "이 세상 험하고 나 비록 약하나 …"라는 찬송과 "내 주의 보혈은 정하고 정하다"라는 찬송을 부르셨는데, 같은 구절을 자꾸자꾸 부르시곤 하셨다.

찬송을 부르시면서 하시던 일 가운데, 오래된 달력 뒷면에 가는 붓으로 성경 말씀을 쓰시던 모습이 떠오른다. 달력을 세로로 길게 자르신 다음 깨끗한 뒷면에 자주 쓰시던 성경은 시편 23편이었는데, 그렇게 쓰신 성경을 두루마리처럼 돌돌 말아놓으셨다가 누가 다녀가실 때 하나씩 나누어 주셨다. 곁에서 먹을 갈아드리던 나에게도 분명 하나쯤 주셨을 텐데, 어디에서 잃어버렸는지 도무지 기억이 나질 않는다.

## 4. 사탕을 나눠 주시던 손

할아버지의 방에는 친척 어른들이나 교인분들께서 찾아뵈면서 들고 오셨던 사탕이나 과자, 맛있는 과일들이 당신께서 앉아계시던 자리에서 손 뻗치면 닿는 구석구석에 있었는데, 할아버지의 그 큰 손으로 한 줌씩 사탕을 내어주시던 순간은 지금 생각해도 마음이 너무나 행복해진다.

할아버지 방 안에 맛있는 사탕이랑 과자가 어디에 있는지 알았지만 할아버지가 주셔야만 먹는 걸로 알았었는데, 하루는 경진 오빠가 할아버지 방 청소를 하러 가자면서 나를 데리고 갔다. 마침 그날은 할아버지께서 외출하셨고 우리가 빈방에 들어가자마자 오빠는 책 사이에서 서랍장에서, 이불 아래에서 노란 인도 사과, 껌, 사탕, 사브레 과자 등을 모두 찾아냈다.

껌이 껍질 종이에 달라붙어 떼어내느라 애를 썼고, 어떤 사탕은 반 정도 녹아서 겉에 이가 푹 박힐 정도였지만, 이날 오빠랑 한자리에서 껌, 사탕, 과자를 맘껏 먹으면서 얼마나 신이 났던지 모른다. 나는 오빠와 같이하는 방 청소가 너무 좋았지만, 왠지 엄마에게 말씀드리면 안 될 것 같아서, 아직까지 아무에게도 이야기를 하지 않았다. (올해가 동암교회 창립 50주년이라니, 비밀을 지킨 지 어느새 50년이 되었다.)


## 5. 팥죽

할아버지께선 이따금씩 "혜난아! 나 죽으면 너 팥죽 몇 그릇 먹간?" 하고 물으셨다. 할아버지가 돌아가시면 왜 팥죽을 먹게 되는지 몰라서 엄마에게 여쭸더니, "옛날에는 장례식에 붉은 팥죽을 끓여

문상객들에게 대접을 했었다"고 말씀해주셨다.

그때나 지금이나 나는 대답할 말이 없다. 할아버지가 돌아가시지 않았으면 바라는 내 마음이 바뀌지 않았기 때문이다.


## 6. 우리 모두를 사랑하셨던 손

아무것 하지 않았어도 "거참 용타" 하시며 늘 칭찬해주시던 내 할아버지, 맛있는 것 내어주시던 큰 손, 그 손가락마다 있던 십자가 주름, "내 주의 보혈은 정하고 정하다" 찬송을 부르시며 붓으로 시편 23편을 외워 쓰시던 모습들은 어린 나에게 더없이 귀한 추억으로, 50년 세월이 지났어도 흐려지지 않는다.


- 손녀 혜란

# 할아버지와 자유공원에 갔던 날

어느 날 아침에 엄마가 "이제 할아버지께서 오셔서 너를 데리고 좋은 데 데려가실 거다." 하시면서 옷을 입혀주셨다. 어떻게 알았던지, 한동네에 살던 오촌댁 경란 언니도 예쁘게 입고 나를 찾아왔고, 곧이어 중절모자와 두루마기를 입으신 할아버지께서 도착하셨다.

우리 셋은 버스 정류장까지 걸어갔는데, 길에서 만나는 동네 사람들이 할아버지께 인사를 드리면 멈춰 서서 악수를 하시며 반가워하셨다. 그런데, 몇 걸음 걸으시다간 "거, 어데 사람이지?" 하고 물으셨는데, 경란 언니와 나는 대답을 못 하고 웃기만 했다. 대부분 근처에 사시던 같은 교회 교인들이라 할아버지께서 어디 사람들인지 아실 텐데 왜 물으실까. 나중에서야 그 무렵 할아버지 기억력이 쇠퇴해지셨다는 것을 알게 되었다. 하긴 80대 후반이셨으니, 교회 밖에서 만난 분들은 몰라보실 만도 했다.

그날 우리가 버스를 타고 갔던 곳은 인천 자유공원이었는데, 다리가 아프게 오래 걸어서야 맥아더 장군의 동상을 본 기억이 난다. 공원 근처에는 군데군데 아주머니들이 커다란 양동이 안에 하나 가득 빨간 멍게나 물컹거려 보이는 해삼들을 팔고 있었는데, 자꾸만 "영감님! 이리 오셔서 소주 한잔하고 가세요." 하면서 할아버지를 불렀고, 할아버지는 손을 저으며 웃기만 하셨다. 우리 동네에서는 할아버지가 목사님이신 줄 알았기 때문에 모두들 목사님이라고 불러드렸는데, 이날 처음 들은 영감님이라는 소리가 내게는 정말 낯설었다.

멍게 아주머니들을 지나서, 할아버지는 경란 언니와 나에게 호떡을 사 주셨다. 따끈하게 막 구운 호떡이 얼마나 맛있었던지, 지금도 나는 겨울이 되면 굳이 호떡을 구워 먹으면서, 할아버지가 사 주셨던, 내 기억 속에 가장 맛있었던 호떡 맛을 찾는다.

그런데 최근에서야 나는 그날이 어린이날이었다는 것을 알게 되었다. 교회에서 어린이 주일 예배를 보기 전에, 할아버지는 손녀들부터 어린이날 선물을 주셨던 것이다.

그 무렵 80이 훨씬 넘으신 할아버지께서 어린이날, 우리랑 놀아주셨던 기억은 내 나이가 많아질수록, 추억해볼수록 더 귀하고 감사할 뿐이다.

- 손녀 혜란

허응숙 목사가 김창학 장로(4년 태신 시아버지), 손자들과 함께 양계장 동암교회 앞에서 찍은 사진. 허 목사가 손을 얹고 있는 어린이가 손녀 혜란, 허 목사 옆의 어린이가 반주자 혜경, 김창학 장로 옆의 어린이가 경란.

# 예절을 가르쳐 주신 큰할아버지

큰할아버지께서 동암교회 사택에서 지내실 때, 내게 두 차례 꾸중을 하셨다.

내가 중학생 때였다. 하루는 문만 열고 방에 들어가지 않은 채로 밖에 서서 인사를 드렸는데, "어른께 인사를 드릴 때는 공손히 방문을 열고 방 안에 들어와서 인사를 드려야 한다"고 하셨다.

다른 한 번은 동암교회 마당에서 내 걸음걸이를 보시고 불량하게 걷는다고 야단을 치시면서, "공손히 바로 걸으라"고 말씀해 주셨다.

그래서 나이 예순이 다된 지금도 어른들께 인사를 드리는 것과 걸음걸이를 바로 하려고 애를 쓰고 있다.

- 조카손자 경명

# 고문 후유증으로 손발톱이 검게 썩고
# 보청기를 끼셨던 할아버님

　허웅숙 할아버님의 막내손자인 저는 늘 할아버님을 기억하면 떠
오르는 것이 손발톱이 검으셨던 모습입니다. 어렸던 저는 "왜 다른
분들과 달리 할아버지 손발톱은 검으셨을까?" 하는 궁금증이 있었습
니다. 제가 초등학교 때에 이 궁금증을 해결하기 위해 아버님께 여쭈
어보았습니다. "일제 치하에서 3년 넘게 옥고를 치르시면서 일제 순
사들의 모진 고문을 겪었기에 그 후유증으로 손발톱이 빠지셨다"는
아버님의 말씀을 듣고 난 후, 어린 저의 마음에도 "얼마나 힘드시고
아프셨을까?" 하는 마음이 들었습니다.

　제가 섬기는 교회는 서울특별시 동작구 노량진에 위치한 강남교
회입니다. 1954년에 이 교회를 설립한 김재술 목사님은 함흥 동부성
결교회 안수집사로, 함경남도 함흥에서 의사로 활동하시던 중 6·25
전쟁으로 남하하게 되었는데, 우연히 머물게 된 곳이 거제도 포로수
용소였습니다. 이곳에서 허웅숙 할아버님을 만나게 되고, 할아버님
이 사역하시는 피난민 교회(장목교회)에서 아픈 환자들을 돌보면서
이후 평생을 목회자로 헌신하실 것을 결심하셨습니다. 전쟁이 끝나
고 상경하시어 신학 공부를 하시면서 1954년에 설립한 교회가 강남
교회입니다.

　부모님들은 이 강남교회를 1959년부터 출석하시어, 이후 평생을

강남교회에 충성하셨습니다. 당시 전쟁 후 어수선한 상황에서 어떻게 연락이 되어 김재술 목사님이 설립하신 강남교회를 출석할 수 있었는지, 지금 생각해도 이 모든 것이 다 하나님이 예정과 섭리입니다.

할아버님이 1974년 아버님의 장로 장립과 1976년 어머님의 권사 취임예배에 강남교회에 오셔서, 아들과 며느리의 장로, 권사 취임예배에 축도를 하셨던 기억은 지금도 생생합니다.

본인의 생전에는 이 땅의 백성으로 당연히 해야 할 일을 하셨다면서 애국지사로 선정되는 것을 끝까지 마다하시고 평생 겸손한 모습으로 살아가셨고, 이제는 국립대전현충원 애국지사 1묘역 210호에 묻혀 계시는 할아버님 남겨주신 귀한 신앙의 유산을 잘 상속하는 우리 후손들 되기를 늘 기도 합니다.

http://www.dnc.go.kr/html/kr/part/part_0207_pop.html
국립대전현충원 사이버 참배공간

- 손자 경직(강남교회)

작은며느리 주은영 권사 임직식에 와서 축도하는 허응숙 목사

# 한번 뵙지도 못한 할아버님 인상

내가 허씨 가문으로 시집온 해는 할아버님이 작고하신 이듬해였다. 그러니 할아버님을 실제로 뵌 적은 없었다. 남편을 통해 할아버님과 관련된 일화를 듣거나 혹은 어머님과의 대화 속에서 내가 얻게 된 할아버님 인품에 관한 인상이 있을 뿐이다. 할아버님 소천 40주년을 맞아 발간하는 책에 간접적이나마 내가 느낀 할아버님의 인품을 기록하고 싶다.

1.

첫 번째 일화는 남편이 학창 시절에 가장 존경하는 인물을 기록하는 난에 늘 할아버지 성함 '허응숙'을 기록했다는 것이었다. 다소 엉뚱한 면이 있는 남편이라지만 학교에 제출하는 서류에 자신의 할아버지 이름을 가장 존경하는 인물로 썼다는 이야기를 듣고서 적잖이 놀랐다.

2.

두 번째는 남편이 대학 시절 한밤중에 할아버님이 부르는 소리에 놀라 잠에서 깬 일화이다. 어느 날 밤 동암교회 사택에서 자는데 어디선가 "경진아~" 하고 부르는 할아버지 음성이 들리더란다. 벌떡 일어나 할아버지 주무시는 방으로 건너갔으나 할아버지가 주무시고 계셔서 다시 방으로 돌아와 누워 잠을 청했다. 그런데 또다시 "경진아~" 하는 할아버지 음성이 들려 다시 건너가 보았으나 여전히 주무시고 계시더라는 것이다. 다시 돌아와 잠을 청하는데 세 번째에도 역시 할아버지가 부르시는 음성이 아주 크고 또렷이 들려 할아버지를 깨워 부르셨냐고 물으니, 할아버지는 그런 일이 없다고 대답하시더란다. 그제야 남편은 할아버지 목소리로 하나님이 부르시는 소리를 들은 것인가 생각하고 잠시 신학 공부를 해보려는 뜻을 품게 되었다고 한다. 결과적으로는 남편이 신학의 길은 가지 않았으나, 할아버님의 존재는 남편의 믿음 생활에 큰 이정표로 서 계셨던 것이 분명하다.

3.

세 번째는 아들 글이를 군대 보내면서 가정 예배를 드릴 때 만난 할아버지의 시편 편지글이다. 그날 남편은 자신이 군에 입대할 때 할아버지가 직접 적어주신 시편 23편 편지를 고이 간직했다가, 30여 년이 흐른 뒤에 입대하는 아들에게 전달해 주었다. 할아버지께서 손수 모눈 눈금을 그어 만든 화선지 위에 붓글씨로 쓰신 시편 구절 구절마다 들려오는 할아버지의 기도를 들으며 온 식구가 감동과 감사의 눈물을 흘리며 가정예배를 드렸다. 표지 사진은 그날 공개된 할아버지의 시편 편지글을 액자로 표구하여 집 안 현관에 걸어 놓은 모습이다.

4.

네 번째는 시어머님에게서 들은 일화다. 할아버님은 은퇴 후에도 교회를 여럿 개척하시며 사역하셨단다. 그 당시 할아버님은 목회를 돕는 젊은 전도사를 두었는데 그 전도사님은 신학교를 갓 졸업한 독신 여성이었다. 그러자 할아버님이 당회에 부탁하기를 "목사 사례비와 전도사 사례비를 맞바꾸어 달라"고 요구하셨단다. 자신의 기득권을 기꺼이 내려놓고, 절반의 생활비로 검소하게 사셨던 할아버님의 인품이 고스란히 전해온다.

5.

할아버님에 대한 또 다른 인상은 남편과 나의 결혼 승낙을 주저하시던 시어머님의 모습으로 떠오른다. 결혼을 앞두고 양가 부모님의 상견례 날이었다. 상견례 장소에 가기 전까지 친정 부모님은 22세 어린 나이에 결혼하려는 딸이 못내 아쉽고 서운한 모습이 역력하였다. 그런데 정작 상견례 장소에서 친정 부모는 크게 모자라는 딸을 시집보내고자 하는 사람들처럼 어렵고 조심스러워하며 매우 낮은 자세로 대하셨다. 그러던 중에 시어머님께서 결정타를 날리셨다. '이 혼사는 아이 조부님이 계셨으면 성사 안 됩니다!' 그 당시 친정 부모님은 예수 영접 전이었기에 그 말의 무게를 가늠하기 어려웠고, 그러한 집에 시집가려는 딸을 야속해 했다.

하지만 허씨 가문에 시집와서 할아버지의 인품과 신앙을 유산으로 삼는 후손의 반열에 합류하고 나니, 믿지 않는 가문과 멍에를 함께 메고 가는 결혼 생활이 될까 봐 염려하신 시어머님의 마음이 헤아려졌다. 그 후 친정 부모는 물론 친정 형제들이 모두 예수를 영접하게 되니, 할아버님이 후손에게 심어주신 신앙은 돌감람나무를 접붙여 열매 맺게 하는 좋은 감람나무와 같은 신앙이었음을 깨달았다.

– 손자며느리 이숙

# 만성 설교*

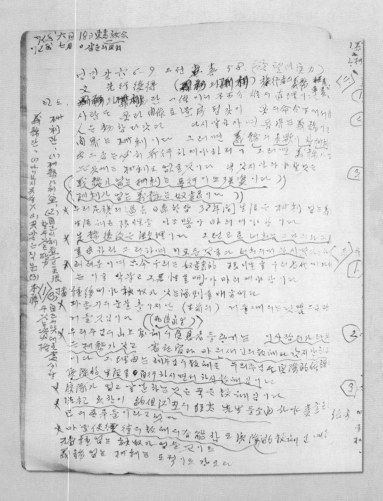

*만성설교는 만성이 84세 되던 1972년부터 88세 되던 1976년 2월까지 동암교회에서 행하였던 마지막 목회 현장의 설교문이다. 만성은 설교 개요(概要)만 적어 놓았는데, 이찬영 목사가 윤문하였다. 내가 간직한 설교집에는 갈운리교회, 황남노회 임원회, 여름성경학교에서 설교하신 원고도 섞여 있다. – 손자 경진

# 루디아를 본받자

본문 : 사도행전 16 : 11-15

바울이 마게도니아 첫 성(城)인 빌립보에 이르러 안식일 날 성 밖 강변에서 기도하려고 모인 여자들에게 전도하였더니, 그중에 루디아라고 하는 여자가 마음 문을 열고 말씀을 받아들였다. 루디아가 크게 은혜를 받고 온 가족이 믿어, 빌립보교회의 믿음의 어머니가 되었다. 그래서 이 시간에 "루디아를 본받자"라는 제목으로 은혜를 나누고자 한다.

## 1. 마음 문을 열고 말씀을 받은 루디아

루디아는 본래 두아디라성에서 자주(紫紬 : 옷감) 장사를 하는 여자이다. '루디아'라는 이름의 뜻은 '생산(生産)'인데, 루디아가 과연 믿음의 생산자인 산모(産母) 노릇을 잘해 빌립보 교회의 창설자가 되었다.

"주께서 그 마음을 열어 바울의 말을 청종하게 하신지라"(사도행전 16:14). 바울의 강변 전도를 부인들이 몇 사람 들었는데, 다른 이는 몰라도 유독 루디아는 마음을 열고 바울이 전도하는 하나님의 말씀을 잘 청종하였다.

'청종(聽從)'이라는 말은 하나님의 말씀을 잘 들은 뒤에 "아멘"하고 순종했다는 뜻이다. 우리가 믿고 전하기만 하면 주께서 역사하시어 듣는 자의 마음문을 열어주신다. 이는 모두 기도의 능력으로 이루어지는 것이다.

바울의 기도 가운데 나타났던 마게도냐 사람이 바로 루디아였다. 루디아는 안식일을 성수하여 강변에서 기도하다가 하나님의 종의 전도를 받았다.

기도 소리는 크다. 빌립의 기도 소리가 무시아에 들렸고, 서양에서 부르는 소리가 동양에까지 들렸으며, 땅에서 부르짖는 기도 소리가 하늘까지 들린다. 기도하면 사람이 하나님의 마음을 알아내고, 미지의 사람이 또 다른 미지의 사람의 마음을 알아낸다.

기도의 힘은 강하다. 사람이 하나님의 마음을 움직이고, 아시아의 복음을 유럽으로 수입해 들였으며, 루디아가 바울 사도를 빌립보로 불러들였다.

우리 주님은 어찌하여 루디아같이 비천하고 유약한 여자를 택하여 빌립보 교회 창설자, 아니 교회의 초석을 놓으셨을까? 이는 세상의 약한 것들을 택하사 강한 것들을 부끄럽게 하시고, 어리석은 자를 택하여 지혜로운 자를 부끄럽게 하시는 하나님의 성품이 아닌가 생각한다. (고린도전서 5:27)

## 2. 집안 식구를 다 믿게 한 루디아

"저와 그 집 사람들이 다 세례를 받고…"라고 하였으니 강변 전도에서 마음에 결심하게 된 루디아는 자기 자신만 아니라 집에 돌아온 가족 식구에게 전하여 결심시키고 바울에게 세례를 받았다. 그의 가족 사항이 소개되지 않았으나, 남편과 자녀까지 3, 4명은 있었으리라 짐작된다. 혹은 노부모님도 계셨는가 ….

바울과 실라를 구타하고 가두었던 간수(옥사장)가 바울과 실라가 기적으로 옥문이 열렸는데도 탈출하지 않은 일에 감동되어 "선생들아 내가 어찌해야 구원을 얻으리이까?"라고 호소하였는데, 바울은 "주 예수를 믿으라. 그리하면 너와 네 집이 구원을 얻으리라"고 했다. 간수는 바울과 실라를 자기 집에 모셨으며, 그들로부터 복음을 듣고 온 가족이 예수를 믿고 구원에 참여하였다. 그래서 빌립보교회가 비약적으로 발전하였다.

세리였던 마태도, 세리장 삭개오도 모두 예수님을 자기 집으로 영접하여 음식 대접도 하며 온 가족이 다 모여 축복을 받았다. 가이사랴의 고넬료도 베드로 사도를 자기 집에 모실 때 가족과 이웃 친구들까지 함께 모였다가 같은 은혜를 받았다. 가족적인 신앙생활이 얼마나 귀한가?

복음의 전파력은 개인에게서 가정으로, 또 사회적으로, 민족에까지 파급되어 온 세계가 드디어 복음화된다.

가족들을 내가 먼저 전도해야 할 책임이 있는데도 불구하고, 대개는 가족전도를 등한시한다. 사실 가족전도가 제일 하기 힘든 것도 사실이지만, 그러나 우선적으로 제일 먼저 해야 할 일이 또한 가족전도이다.

"웬일인가 내 형제여 (부모여! 남편이여! 자녀여!) 주 아니 믿다가
죄 값으로 지옥 형벌 너도 받겠구나."
불신 가족을 위하여 눈물의 기도와 사랑을 실천하자.

## 3. 전도자를 보필하는 루디아

은혜받은 루디아는 온 집안 식구가 모두 예수를 믿고, 전도자 바울에게 "만일 나를 주 믿는 자로 알거든 내 집에 들어와 유하라"고 강권하여 있게 하였다.

바울이 비록 장막 만드는 일을 하며 전도비를 자급자족한다고 하지만, 찬 없는 밥이라도 끓여줄 사람이 없고, 다리 뻗고 잠잘 자리도 변변치 못했을 텐데, 루디아가 자기 집에 유숙하도록 한 것은 전도자를 섬기는 또 하나의 작은 전도자의 자세이다. 아무리 훌륭한 전도자라도 그를 보필해 주는 자가 없으면 효과적으로 전도할 수 없다.

루디아는 받은바 은혜를 어떻게 보답할까 생각하다가 전도자 바울을 돌봐야겠다고 생각했으며, 기쁜 마음으로 숙식(宿食)을 제공하여 감사하는 마음으로 전도자를 보필하는 아름다운 향기를 날렸다.

이런 아름다운 향기를 발산하며 출발한 빌립보교회는 그 후에도 루디아의 신앙 전통을 계승하여 교역에 수고하는 주의 종들을 성심성의로 봉사하고 접대했다.

그래서 바울은 로마 옥중에서 빌립보교회에 보낸 편지 가운데 "만일 너희 믿음의 제물과 봉사 위에 내가 나를 관제(灌祭)로 드릴지라도 나는 기쁘고, 너희 무리와 함께 기뻐하리니, 이와 같이 너희도 기뻐하고 나와 함께 기뻐하라"(빌립보 2:17-18)고 하였다.

여기 "관제"라는 말의 뜻은 "제물 위에 부어지는 헌주(獻酒)"인데, 바울의 생혈(生血)이 그들의 제물 위에 부어지는 제삿술이 되었다.

비록 그것이 장래의 일이었다 할지라도, 바울은 그것을 기뻐했다. 이들의 제사가 그 이상의 교제의 기회를 제공했기 때문에 그들과 함께 기뻐했다.

영국 런던시의 작은 교회를 봉사하던 포세트 목사는 목회에 성공한 분으로, 그 소문이 널리 퍼져 런던시에 있는 아주 큰 교회에서 청빙하게 되었다. 당회에서는 목사님이 큰 교회로 영전하시니 그의 시무 사면을 허락하였으나, 평신도들이 울면서 만류하자 그만 사면을 번의(飜意)하고 계속 유임하여, 백발노인이 되어 세상을 떠날 때까지 시무하였다고 한다.

주의 종을 사랑으로 봉사하며 접대하고 잘 보필하는 루디아를 본받자.

### 결론 : 빌립보교회 여성도 루디아를 본받자

그는 본래부터 하나님을 공경하는 신자여서 안식일에 조용한 강변에서 하나님을 사모하며 기도하다가 복음을 받아들였다. 마음문을 열어 전도자 바울의 말씀을 듣고 믿을뿐더러, 가족까지 전도하여 구원하였다. 그리고 바울을 자기 집에 모시고 접대하여 전도자 바울을 성의껏 보필하는 모범적 성도가 되었다.

# 승리의 개선가

본문 : 디모데후서 4 : 5-8

오늘 봉독한 성경의 내용은 하나님의 종으로 부름받아 복음의 용사로 일생을 바친 바울 사도가 주후 64년 로마 황제 네로의 박해를 받아 사형선고를 받고 몇 일 후에는 순교의 제물이 되기 직전에, 믿음의 아들이요 성역의 후계자인 디모데에게 남겨 준 신령한 유훈의 한 구절이다.

## 1. 바울은 의의 면류관이 예비되었다

바울은 자신의 60년 생애를 회고해보며 "내가 선한 싸움을 싸우고 나의 달려갈 길을 마치고 믿음을 지켰으니, 이제 후로는 나를 위하여 의의 면류관이 예비되었으므로 주 곧 의로우신 재판장이 그날에 내게 주실 것이요, 내게만 아니라 주의 나타나심을 사모하는 모든 자에게니라"고 하였다. 이 말씀은 곧 바울의 위대한 신앙고백이다.

어떻게 보면 교만한 심정의 자랑으로 들리지만, 그는 평소에 "나의 나 된 것은 하나님의 은혜로 된 것이다."라고 했으며, 자신을 가리켜 "사도 중에 지극히 작은 자요, 만물의 찌꺼기 같은 죄인 중의 괴수"라고까지 겸손하게 표현했다. 그렇게까지 자기를 낮추던 그가 죽음을 앞에 놓고 허세를 부리거나 교만해서 한 말은 절대로 아니니,

오히려 그의 진실한 신앙고백이라고 할 수 있다.

바울은 과연 신앙의 선한 싸움을 힘써 싸운 십자가 군병이요, 신앙의 영웅인 대용사이다. 로마 정부의 탄압과 이방 종교들의 무서운 박해 앞에서 언제나 목숨을 걸고 싸웠으며, 유대 교권주의자들의 시기, 질투적인 모함과 성토 앞에 시련을 당했다. "누가 그를 사도로 대했느냐?" "누가 그의 선교자 자격을 인정하며 파송했느냐?"라고 오히려 거짓 선지자 취급도 당했다.

여러 나라, 여러 지방에 다니며 그 땅에 뿌리 박은 토속적인 우상 종교사상과 더불어 항상 싸웠다. 그래서 바울은 에베소교회에 편지하면서 "하나님의 전신갑주를 입고 진리의 허리띠(腰帶)를 띠고 의의 흉배(胸背)를 붙이고 평안의 복음의 신을 신고, 믿음의 방패와 구원의 투구와 성령의 검을 굳게 잡고 정사와 권세와 어둠의 세상 주관자를 가두자"고 하였다. (에베소서 6:13-16)

"내 힘만 의지할 터면 패할 수밖에 없으나, 힘 있는 장수 나와서 날 대신하여 싸우네. 이 장수 누구뇨? 곧 예수 그리스도. …"이 대장 예수님을 힘입어 "믿음이 이기네. 믿음이 이기네. 주 예수를 믿음이 온 세상 이기네"라고 개선가를 불렀다. 그러므로 그는 영적 전투에 이긴 승전용사이며, 일등무공훈장으로 의의 면류관을 받으리라고 믿었다. 이와 같은 십자가 군병 용사들에게 의의 면류관이 약속된다고 하였다.

## 2. 바울은 달려갈 길을 다 달렸다

둘째로 바울 사도는 '달려갈 길을 잘 달린 장거리 경주(마라톤) 선수'이다. 바울은 안디옥교회를 출발하여 이방선교의 장거리 경주, 곧 신령한 마라톤 경주에 용감히 출전한 선수이다.

제1차 선교여행에 소아시아 일대를 2년 반 동안 1,440km 달렸고,

제2차 선교여행에 소아시아를 경유하여 헬라까지 3년간 2,400km를 달렸으며,

제3차 선교여행 때 또다시 소아시아 서부지방과 헬라를 거쳐 지중해 연안 동부지역을 5년간에 걸쳐 2,400km를 달렸고,

제4차 선교여행에는 죄수의 몸으로 지중해를 관통하여 로마에까지 갔으니 무려 3,600km였다. 그는 최후에 그 당시의 땅끝이었던 서바나(스페인)까지 복음전도에 진력했으니 그가 달려간 노정을 헐잡아도 3만 리 여정이다.

바울은 이런 장거리 여행을 달릴 때 고린도후서 11장에 기록한 대로 "여러 여행에 강도의 위험과 동족의 위험과 이방인의 위험과 시내의 위험, 광야의 위험, 바다의 위험, 거짓 형제의 위험을 당하고, 또 수고하며, 애쓰며, 여러 번 자지 못하고, 주리고 목마르며, 여러 번 굶고 춥고 헐벗었노라"고 하였다.

바울의 장거리 여행 영적 마라톤은 험난한 가시밭을 헤치고, 태산 준령을 넘었으며, 노도광풍을 헤치고 최후에 로마 교외 오스티안 가도(街道) 언덕인 그의 순교지로 달려갔다. 이 신령한 마라톤 경주에 일등으로 골인했으므로 금메달(월계관)을 의의 면류관으로 받았으리라 확신한다.


## 3. 바울은 믿음을 지켰다

셋째로 바울은 '믿음을 지켰다.' 파수꾼(把守軍)을 잘한 것이다. 바울은 순수한 복음, 예수님의 십자가 외에는 결단코 아무것도 알지 아

니하고, 또 전하지 않기를 결심하고 작정하였다.

그는 회오리바람처럼 밀어닥치는 이단사설의 와중(渦中)에서도 복음 진리의 신앙을 파수하느라고 끝없이 애를 썼다.

에베소교회에 침투했던 자칭 사도인 "니골라당"의 무리한 횡포와 사데에서 도사리고 있던 자칭 유대인회(會)라고 하는 사탄의 무리, 버가모교회에서 미쳐 날뛰는 발람의 교훈을 지키는 무리들. 두아디라 교회에 만연되는 이세벨의 음행주의를 용납하는 고린도교회, 율법주의로 되돌아가는 갈라디아교회 등등 ….

이루 말할 수 없이 우후죽순(雨後竹筍)처럼 일어나는 이단파들의 선풍 속에서도 송죽의 절개를 굳게 하는 진리의 파수의 사명을 잘함으로 "충성된 종아!"라고 칭찬받으며 상급으로 의의 면류관을 받으리라고 나는 믿는다. 바울은 의로운 재판장으로 나타나실 주님을 앙망하면서 승리의 개선가를 높이 불렀다. 그리고 주님 나타나심을 사모하는 모든 자들에게도 언급하였다.

우리 성도들은 위대한 바울의 걸어간 발자취를 따라서 선한 싸움을 힘써 싸워 무공훈장을 의의 면류관으로 받아야 하겠습니다.

신앙경주를 끝까지 잘 달려 우등으로 골인하여 승리의 월계관(금메달)을 반드시 받으시고, 진리의 파수꾼으로 믿음을 지키는 성도들이 되시기를, 주님 오시는 날 의의 면류관을 받아 쓰고 "승리의 개선가"를 힘차게 부르시기를 바랍니다.

# 진리의 푯대

본문 : 빌립보서 3 : 12-14

최후 순교의 날을 앞두고 사도 바울은 말하기를 "내가 아직 잡은 줄로 여기지 아니하고, 앞에 있는 목표를 향하여 뒤에 있는 것을 잊어버리고 지금도 달려가노라"고 말하였다.

유명한 영국의 학자 카이어 박사는 『새로운 사회』라는 책에서 "인류의 본분은 오직 완성을 향해서 전진하는 길 밖에 없다"고 역설했다. 우리 인류는 하나님께서 계획하신 그 위대한 푯대를 향하여 끊임없이 전진할 뿐이다.

오늘 우리들은 새로운 푯대를 향하여 힘차게 전진하자. 주위 환경의 여건을 탓할 것도 없고, 시국을 나무랄 것도 없다. 교계의 지도자나 대표적 인물들을 거론할 것도 없이, 진정한 푯대를 향하여 용감하게 전진할 뿐이다.

인생은 모태에서 나면서부터 늙어 죽는 날까지 계속해서 달리는 선수들이다.

성경에는 "경기(競技)"에 대한 교훈이 많다.

사도행전 26 : 4 "나의 달려갈 길을 마치려 함에 …"

빌립보서 2 : 16 "나의 달음질이 헛되지 않게 하려 함이라 …"

디모데후서 2 : 3 "법대로 경기하지 않는 자는 면류관을 받지 못한다. …"
디모데후서 4 : 7 "나의 달려갈 길을 마치고 …"
히브리서 12 : 2 "우리 앞에 있는 경주장에서 경기하며 …"

바울은 말하기를 "내가 이미 얻었다 함도 아니요. 완전히 이루었다 함도 아니라. 오직 내가 그리스도 예수께 잡힌 바 된 그것을 잡으려고 쫓아가노라." 하였다.

### 1. 예수님이 진리의 푯대가 된다

믿음의 주요, 또 온전케 하시는 분인 예수님만을 바라보자. 우리의 푯대는 오직 예수님뿐이다. 사람은 아무리 거듭나고 노력해도 결국 사람 냄새가 난다.

히브리 11장은 신앙장으로 역대 신앙 인물의 역사가 나열되어 있다.

아벨은 첫 순교자이다. 형에게 억울하게 맞아죽은 일밖에 없다.

에녹은 하나님과 300년간 동행하며 환난 시험을 받은 일이 없었다.

노아는 방주를 예비한 중시조가 되었으나, 방주에서 나와 나체 취침으로 오점을 남겼다.

아브라함은 믿음의 조상이라고 하나, 첩을 들여 가정을 파괴했다.

이삭은 너무 소극적인 인물로, 이렇다 할 업적을 남긴 일이 없었다.

야곱은 간사하고 속임수가 많아 장점과 단점이 반반인 인물이고, 다윗을 성군이라고 하나, 우리아를 모살한 살인자요, 밧세바와 간

음한 음행자이다.

아무리 훌륭하고 위대한 것 같아도 결국은 사람이다.

어느 교회의 청년 집사가 열심히 헌신하다가 존경했던 목사님의 본의 아닌 한마디 실언에 크게 낙심되었으며, 모 교단에서 촉망되던 청년 목사가 모처럼 총회에 총대로 참석했다가 교권을 남용하는 소위 지도자들의 불법 발언과 자행함을 보고 목사된 것을 후회했다. 인생의 성공과 실패는 그가 삶의 푯대를 어디 두느냐에 따라 좌우된다.

현대인들은 너무 낮은 곳에 푯대를 두고 살다가 실패한다.

돈벌이하려는 푯대가 인격과 신앙을 망치고, 권세를 탐하여 잘못 정한 푯대가 결국 타락의 수렁에 빠지기 쉽다. 인간 푯대는 위험하다. 부흥사, 신학자, 성공한 목회자, 지식인들 모두 위험하다. 그러나 주 예수 그리스도는 만인 앞에 털끝만치도 부끄러움이 없으시고 부족함이 없으시니, 곧 만민의 구주이시다. 하늘을 우러러 한 점의 티가 없으시고 천하 만인 앞에 떳떳하시니, 완전한 진리의 푯대이시다.

## 2. 성경이 진리의 푯대가 된다

우리는 먼저 '성경(聖經)'이라는 명칭의 개념부터 바로 알자.

현대 기독교계에서 '성경'이라고 말하는 사람들은 대개 보수주의 신앙가들이요, '성서(聖書)'라고 말하는 사람들은 대개 자유주의 신앙사상자들이다. 성경은 단순한 책[書]이 아니라 거룩한 경전(經典)이다. 성경에서 예수님의 말씀부터 참고해보자.

마태복음 21:42에 "예수께서 가라사대 '너희가 성경에 건축자의 버린 돌이…'"

마태복음 22:29에 "예수께서 대답하여 가라사대 너희가 성경도 하나님의 능력도 알지 못하는 고로 오해하도다."(부활을 부인하는 사두개인들의 질문에 대답하신 것이다.)

마태복음 26:54에 "네가 만일 그렇게 하면 이런 일이 있으리라고 한 성경이 어떻게 이루어지리오."

요한복음 5:39에 "너희가 성경에서 영생을 얻은 줄 생각하고 성경을 상고하거니와 이 성경이…"

요한복음 7:38에 "나를 믿는 자는 성경에 이름과 같이 그 배에서 생수의 강이 흘러나리라."

요한복음 10:35에 "성경은 폐하지 못하나니…"

이상은 예수님이 직접 언급하신 말씀 중에 인용한 내용들이다. 그 외에도 신약 성경 여러 곳에 인용되었으나 '성서(聖書)'라고 번역한 곳은 신·구약 66편 가운데 한 곳도 없다.

아무리 시대가 변하고 신학사상이 바뀐다 할지라도 '성경' 자체는 어제나 오늘이나 아니 영원토록 변치 않으며, 또 변할 수도 없다. 변해도 안 된다. "천지는 없어질지라도 내 말은(하나님의 말씀은) 없어지지 아니 하리라."

한국 교회는 이 영원불변하는 성경 말씀에 기초를 둔 만세 반석 위에 세웠기 때문에 바람이 불거나 폭우가 쏟아지거나 파도가 부딪쳐도 굳건한 반석 위에 섰기 때문에 요동하지 않는다. 성경이 진리의 푯대가 된다.


## 3. 십자가가 진리의 푯대다

위대한 신학자 바울은 고린도전서 1:18에서 "십자가의 도가 멸망하는 자들에게는 미련한 것이요 구원을 얻는 우리에게는 하나님의 능력이라"고 하였다.

"내가 지혜 있는 자들의 지혜를 멸하고 총명한 자들의 총명을 폐하리라" 하였으니 지혜 있는 자가 어디 있는가? 선비가 어디 있느뇨? 이 세계에 변사가 어디 있느뇨? 하나님께서 이 세상의 지혜를 미련케 하신 것이 아니요. … 유대인은 표적을 구하고 헬라인은 지혜를 찾으나 우리는 십자가에 못 박힌 그리스도를 전하니, 유대인에게는 거리끼는 것이요, 이방인에게는 미련한 것이로되, 오직 부르심을 입은 자들에게는 유대인이나 헬라인이나 그리스도는 하나님의 능력이요 하나님의 지혜니라."

하나님의 미련한 것이 사람의 지혜보다 낫고, 하나님의 약한 것이 사람의 강함보다 낫다.

멸시를 받는 자, 없는 것 같은 것들을 택하사 있는 것들을 폐하셨다. 진리의 푯대는 그리스도의 십자가뿐이다. 그러므로 바울은 단연코 말하기를 "내가 너희 중에서 예수 그리스도나 그의 십자가 외에는 아무것도 알지 아니하기로 하였다"고 하였다.

진리의 푯대는 예수 그리스도이시니, 그의 말씀이 성경이요, 그의 성취가 십자가입니다. 이제 우리가 이 푯대를 바로 정했으니, 이 일을 쟁취하기 위하여 일로매진하여 힘차게 달려 나가야 합니다.

# 신앙생활의 1. 2. 3

본문 : 고린도전서 13 : 13

성경은 신·구약으로 구분되며, 전체 66권이다. 구약이 39권, 신약이 27권, 합하여 66권이다. 3×9=27. 39+27=66.

총절 수 31,298절인데 어느 말씀 하나 부족한 곳이 있으리요만, 고린도전서 13장 13절이야말로 성경중의 성경이요 가장 대표적인 성경이다.

그러므로 고린도전서 13장 13절을 본문으로 삼고, "신앙생활의 1.2.3"이란 제목으로 말씀드리겠다. 역사적으로 말하면 과거, 현재, 미래라고 하겠고, 과정적으로 보면 기초와 진행과 결론이다.

## 1. 신앙생활의 첫째(1)는 믿음이다

신앙생활의 기초요 출발은 '믿음'이다. 신앙생활의 세상에서 기초와 출발점은 교회이다.

예수님은 산상보훈의 대설교 결론으로 건축 비유를 들었는데, 건축의 기초를 "반석 위에 두느냐?" 아니면 "모래 위에 두느냐?"에 따라 결과는 크게 달라진다고 하셨다. 지혜로운 자는 반석 위에 건축 기초를 삼는다고 하셨다.

이 교훈의 뜻을 따라 바울 사도는 고린도전서 3장(10절 - )에서 지혜로운 건축자는 터를 닦아 둔다고 하였다. 이 터가 바로 예수 그리스도이다. 이 견고한 기초(터) 위에 금이나 은이나 보석과 같이 불타지 않고, 견고하고 값진 자료로 공력(功力)을 드려 건축하면 견디어서 상을(구원을) 받으리라고 교훈하였다.

예수님은 제자들을 이끌고 가이사랴 빌립보 지경에 이르러 "세상 사람들이 나를 누구라 하더냐?" 하고 질문하셨는데, 제자들은 사람들이 예수님을 권능의 선지자 엘리야라고도 하고, 눈물의 애국선지자 예레미야라고도 하며, 광야에서 회개를 외치며 홀홀 나타난 세례요한이라고도 한다고 대답하였다. 예수님은 제자들에게 "너희들은 나를 누구라고 생각하는가"라고 다시 물으셨는데, 베드로가 "주는 그리스도시요 살아계신 하나님의 아들이시니이다"라고 100점짜리 대답을 했다. 예수님께서 대답하시기를 "바요나 시몬아! 네가 복이 있도다. 이를 네게 알게 한 이는 혈육이 아니요 하늘에 계신 내 아버지시니라 … 너는 베드로라. 내가 이 반석 위에 내 교회를 세우리니, 음부의 권세가 이기지 못하리라"고 하셨다. 여기에 말한 반석은 베드로의 고백한 믿음을 기초로, 토대로 교회가 서야 하고, 신앙생활을 시작해야 한다는 교훈이다.

신앙생활의 기초는 예수님을 하나님의 아들로 믿는 믿음에서 출발한다. 결국 믿음은 신앙생활의 기초요 출발점이다. 그러므로 신앙생활의 첫째가 곧 믿음이다.

## 2. 신앙생활의 둘째(2)는 소망이다

소망은 미래를 향해 전진하는 일이다. 기초를 반석 위에 세워 잘 시작했어도, 살아있는 생명체인 신앙은 살아서 활동해야 한다. 즉 살아서 움직이며 활동하는 생명체이다. "시작은 미약한 것 같으나 그 나중이 심히 창대하리라(욥8 : 7)"고 하신 말씀대로, 미약하게 시작해도 결론이 창대하게 되려면 소망으로 전진해야 한다.

경제적으로 가난해도 근면 절약하여 부요해질 수 있는 소망이 있기 때문에, 모든 난관을 극복하여 "잘살아 보세"를 구가하게 된다. 육체적으로 나약한 자라도 건강이 회복되어 잘 살 수 있다는 소망 중에서 투병과 치유에 노력함으로 건강한 육체가 보장될 것이다.

신앙생활의 과정이 순탄하기만 한 것은 아니다. 시험과 환난, 핍박의 연속이므로 소망을 가지고 견뎌내야 한다. 히브리서 11장에 소개된 믿음의 조상들, 아벨, 에녹, 노아, 아브라함, 이삭, 야곱, 요셉, 그리고 모세, 기드온, 바락, 삼손, 입다, 다윗, 사무엘 등의 신앙과정, 신앙생활의 역사를 보면 나라를 이기기도 하고 의를 행하기도 하며, 약속을 받기도 하고, 사자의 입을 막기도 한다. 불의 세력을 멸하기도 하고, 칼날을 피하기도 하며, 전쟁에서 이방인들의 진을 물리치기도 한다. 부활하기도 하고, 악형을 극복하기도 하며, 희롱과 채찍과 결박을 당해 옥에 갇히는 시험도 받지만, 죽음에 이르는 난관을 극복하고 승리한다. (히브리서 12 : 33-40)

그러므로 "그리스도 도의 초보(初步)를 버리고(히브리서 6:1-) 소망을 얻으려고 안위를 받게 하려 함이라. 우리가 이 소망이 있는 것은 영혼의 닻(靈魂之錨)과 같아서 든든하고 견고하여 휘장 안에 들어간다(히브리서 6:16-18)"고 하였다.

### 3. 신앙생활의 셋째(3)는 사랑이다

"그런 즉 믿음, 소망, 사랑 이 세 가지는 항상 있을 것인데 그중에 제일은 사랑이라"(고린도전서 13:3). 믿음, 소망, 사랑이 동등, 동격 같으나 그중에도 제1은 사랑이라고 하였다. 과연 제1은 사랑이다.

"믿음"이 아무리 좋아도 사랑에 근거하지 않고 사랑이 내포되지 못한다면 일개 "교리(敎理)"에 불과하다. 사랑이 내포되어야 믿음이 살고, 빛나고, 그 가치를 발할 수 있으니, 사랑이 믿음보다 더욱 앞서고 월등하다고 하겠다.

산을 옮길 만한 믿음이 있을지라도 사랑이 없으면 아무것도 아니라고 하였고, 사람의 방언과 천사의 말을 할지라도 사랑이 없으면 소리 나는 구리와 울리는 꽹과리에 불과하며, 예언하는 능이 있고, 모든 비밀과 모든 지식을 통달한다 할지라도 사랑이 없으면 무용지물(無用之物)이 된다고 하였다.(고린도전서 13:1-3)

우리가 그리스도의 사랑을 실천하는 데 있어서도 질투심을 버리고 온유함으로 해야 하니, 자기 자랑이나 교만에서 무례히 행치 않고 겸손한 마음으로 하라고 교훈하셨다. 그리고 사랑의 실천자는 자기 유익을 구하지 않고, 성내지 않으며, 악한 것은 생각하지도 않고, 불의를 미워하며, 진리와 함께 즐겁게 살아야 된다고 역설하였다.

이렇게 사랑을 실천함에 있어서는 모든 것을 참고, 모든 것을 믿으며, 모든 것을 바라며 모든 것을 견뎌내야 한다고 교훈하였다. 그러므로 사랑은 언제까지든지 지속된다. 예언도 폐하고, 방언도 그치고, 지식까지 폐지되어도 사랑은 영원토록 지속된다고 하였다.

그런즉 믿음, 소망, 사랑 이 세 가지는 항상 있을 것입니다. 그중에 제일은 사랑입니다.

# 할아버지의 설교 원고 가운데
## 실린 시조와 가사들

    할아버지는 어린 시절에 다니던 서당이 교회로 바뀌어, 한문과 기독교를 함께 받아들였다. 동암교회 시절의 설교집에는 설교 초안 틈틈이 가사라든가 한시 등이 실려 있는데, 1973년 설교 원고 사이에 가사가 두 편 실려 있다.

> 마소마소 그리마소 국민대표 출마되여
> 자기당선 되고보면 진충보국 맹서하고
> 당선금일 배은망덕 그리마소 － 秋夜月下 詩調

> 비나이다 비나이다 하나님께 비나이다
> 원수가치 막힌담을 하루밧비 여러주소
> 역사없는 이모양을 하루밧비 여러주소 － 望鄉

등을 보면 〈가을밤 달 아래서(秋夜月下)〉는 아마도 박정희 정권에서 제9대 국회의원선거를 치르고 나서 달라진 국회의원들의 행태를 염려하여 지은 듯하고, 〈망향(望鄉)〉은 황해도 고향에 두고 온 친척과 교회를 그리워하며 하나님께 남북통일을 기도한 듯하다. 초.중.종장의 시조 형태 같기도 하지만 종장이 3.5.4.3으로 되어 있지 않은 것을

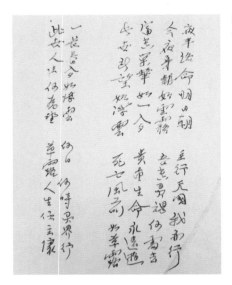

할아버지가
설교원고 사이에 쓰셨던 한시

보면 4.4조의 가사 형태로 쓴 것이 확실하다.

1973년 10월 21일 저녁예배 설교의 본문은 누가복음 14:25-26, 제목은 〈주님 따르는 자의 짐보따리(從主者의 行裝)〉인데, 설교원고 끝에 붉은 글씨로 가사가 실려 있다.


1. 밤이나 낮이나 눈물 머금고
   내주님 오시기만 고대합니다
   가실 때 다시 오마 하시든 주님
   언제나 어느때나 오시렵니까
2. 먼 하늘 이상한 구름만 떠도
   행여나 내주님 오시는가 해
   머리들고 하늘만 바라보오니
   내주여 언제나 오시렵니까

할아버지가 설교를 구상하시며 쓰셨던 가사

　이 가사를 설교 시간에 읊으셨는지 분명치 않지만, 한 줄을 띄워 붉은 글씨로 쓴 것을 보면 설교와 구분한 것은 확실하다. 85세 고령의 목회자가 설교 준비를 마치고 묵상하면서 신앙고백을 한 것인데, 자신의 신앙고백을 가장 감동적으로 전달할 수 있는 찬송이 있으면 그 찬송의 페이지를 찾아서 불렀지만, 그렇지 않을 때에는 스스로 가사를 지어 읊조리셨다.

　가장 짓기 쉽고 읊조리기 쉽고 기억하기도 쉬운 문체가 4.4조의 가사이다. 시조는 초/중/종장으로 마무리하려면 함축하는 솜씨가 필요했지만, 가사는 하고 싶은 말이 다할 때까지 무한대로 확장이 가능하여, 전문적인 교육을 받지 않아도 창작이 가능하였다. 1970년대라면 고전문학의 시대가 아니지만, 젊었을 때에 가사를 들어보았던 세대는 여전히 자신의 신앙고백을 가사로 표현했던 것이다. 이 경우에 저자가 염두에 둔 1차적인 독자는 당연히 하나님이고, 2차적인 독자는 저자 자신이었다. 이따금 기대치 않은 독자들이 읽어보며 공감할 수도 있었을 테고.　　　　　　－ 손자 경진 (『기독교사상』 2017년 11월호)

# 허응숙 목사의
# 자녀들

1963년 맏아들 집에 모인 5남매

오른쪽부터 장녀 수열, 장남 태형, 차녀 수옥, 차남 태룡, 3녀 수진, 4녀 태신. 1999년 5월

# 장녀 허수열 권사, 사위 여성현 장로

앞줄 왼쪽부터 6녀, 허수열 여성현 부부, 5녀
뒷줄 왼쪽부터 차남, 4녀, 3녀, 2녀, 장녀, 장남

결혼 70주년 2002년. 앞줄 왼쪽부터 차남 부부, 허수열 여성현 부부, 장남 부부
뒷줄 왼쪽부터 6녀, 5녀, 4녀, 3녀, 2녀 부부, 장녀

장남 한구. (강수란, 필라델피아한인교회) 목사(2005년 소천)

차남 명구. (이문실, 필라델피아한인교회) 집사

장녀 한순. (박만서, 필라델피아한인교회) 권사

차녀 의순. (김영래, 워싱턴 열린문장로교회) 권사

3녀 금순. (박유훈, 필라델피아한인교회) 권사

4녀 혜순. (한고광, 필라델피아한인교회) 성도

5녀 운순. (홍정웅, 경기도 양평 개군영광교회) 권사

6녀 명순. (강덕수, 워싱턴 중앙장로교회) 집사

# 장남 허태형 장로, 자부 이숙영 권사

앞줄 왼쪽부터 허태형 장로 부부와 3녀 혜란, 허응숙 목사, 자부 조애숙, 장손 강, 3녀 혜경.
뒷줄 왼쪽부터 4남 경조, 3남 경진, 장녀 혜순, 차남 경천, 장남 경화. 1965년

허태형 장로 팔순 잔치. 1997년.
앞줄 왼쪽부터 장남 부부, 허 목사 차녀 수옥, 허태형 장로 부부, 허 목사 4녀 태신, 차남 부부

장남 경화(조애숙, 뉴욕 퀸즈교회) 장로
차남 경천(박성자, 뉴욕 퀸즈교회) 장로
장녀 혜순(이일성, 사랑의 집)
3남 경진(이숙, 연세대학교회)
4남 경조(노순희, 뉴욕 아름다운교회) 장로
2녀 혜경(이철웅, 뉴욕 아름다운교회)
3녀 혜란(John Miller, 노스캐롤라이나 The Summit Church)

# 차녀 허수옥 권사, 사위 차상호 장로

차녀 부부와
장남 득원, 장녀 매경. 1955년

장남 득원 (필라델피아 제일장로교회) 집사
장녀 매경 (필라델피아 제일장로교회) WEC 선교사
(고 이헌봉 목사, 중국 선교사, 1999년 순교)
차남 형원 (이한나, 뉴저지 체리힐제일교회) 장로
차녀 은경 (조태성, 뉴욕 포도원장로교회 목사)

왼쪽부터 장녀 매경, 차녀 은경, 허수옥 권사, 차남 형원, 장남 득원

앞줄 왼쪽부터 세 번째 장남, 네 번째 차녀, 뒷줄 왼쪽부터 세 번째 장녀, 여섯 번째 차남

# 차남 허태룡 장로, 자부 주은영 권사

아들 경직이 중학교에 입학한 뒤, 1974년 덕수궁에서

맏아들 허태형 장로의 환갑날(1976년) 작은아들 허태룡 장로의 노량진 집에서 모였다. 허응숙 목사 옆에 주창수 장로(사돈)와 여성현 장로(맏사위)가 함께 보인다.

앞줄 왼쪽부터 손녀 지현, 주은영 권사, 허태룡 장로, 자부 지은주
뒷줄 왼쪽부터 아들 경직, 손자 권

# 3녀 허수진 사모, 사위 정복원 목사(봉신교회)

1965년 군목 시절의 부부. 앞줄 왼쪽부터 장녀 선미, 차녀 은미, 아들 동진

동갑내기 부부의 칠순 및 금혼식. 부부 사이에 장녀 선미. 허수진 사모 옆에 허 목사의 장녀, 차녀, 그 뒤에 4녀 태신, 자부 주은영

2009년 팔순 때에 특송을 부르는 5남매.
왼쪽부터 수옥(89세), 수열(97세), 태형(93세), 수진(81세), 태신(78세)

# 4녀 허태신 사모, 김원준 목사(부평중앙교회)

뒷줄 왼쪽부터 장남 현찬, 장녀 은숙, 차녀 진숙, 차남 현설.
1981년 부평중앙교회

2005년 팔순

허태신 (뉴욕 만나교회, 만86세)
김원준 목사 (1983년 소천)
장녀 은숙 (정관호, 뉴욕 만나교회 목사)
장남 현찬 (조미경, 수서교회)
차남 현설 (김주연, 새로운교회) 목사
차녀 진숙 (김유현, 뉴욕 만나교회)

이찬영(李贊英). 호 청파(靑波)

1925년 황해도 은율 출신. 평양신학교 예과와 총회신학교를 졸업하고, 55년 동안 목회자로
활동하였다. 대한예수교장로회 총회장과 총회신학교 교장을 역임하였다.
『황해도교회사』, 『풍천읍교회 백년사』, 『황해노회 백년사』, 『해방전 북한교회 총람』등의 교
회사 관련 저술과 『심방사전』을 비롯한 저서 60권이 있다.

허경진

목원대학교 국어교육과 교수를 거쳐 연세대학교 국문과 교수를 역임하였다.
『한국 고전문학에 나타난 기독교의 편린들』을 비롯한 저서 10여 권, 『삼국유사』를 비롯한
역서 10여 권이 있다. 현재 연세대학교 연합신학대학원 객원교수.

하나님과 나라를 평생 사랑한
## 만성 허응숙 목사

2020년 12월 10일 초판 1쇄 펴냄

지은이 이찬영·허경진
펴낸이 김흥국
펴낸곳 보고사

책임편집 황효은
표지디자인 손정자

등록 1990년 12월 13일 제6-0429호
주소 경기도 파주시 회동길 337-15 보고사
전화 031-955-9797(대표), 02-922-5120~1(편집), 02-922-2246(영업)
팩스 02-922-6990
메일 kanapub3@naver.com/bogosabooks@naver.com
http://www.bogosabooks.co.kr

ISBN 979-11-6587-124-6  03230
ⓒ이찬영·허경진, 2020

정가 16,000원